助産師YouTuber・シオリーヌの
学校性教育サポートBOOK

子どもたちと、どうやって向き合えばいいの？

シオリーヌ
（大貫詩織）

東洋館出版社

はじめに

皆さん、こんにちは。助産師で性教育ＹｏｕＴｕｂｅｒとしても活動している、シオリーヌです。まずは、この本を手に取ってくださりありがとうございます。

いまこれを読んでくださっている皆さんは、子どもたちに対する性教育に関心を持ち、向き合っていきたいと考えてくれている方なのだろうと思います。

性教育の必要性が、強く訴えられるようになったこの時代。その必要性を理解はしているものの、「どういう伝え方をすればいいのか」「どんな心構えで、何に気をつけて話をしたらいいのか」など、悩んでいる方も多いのではないでしょうか。実際に、そうしたご相談をたくさんいただいたことから、教育の現場に携わる皆さんに私の経験や知識が少しでも役に立てばと思い、筆を執っています。

私は助産師として〝性〟に関わる現場で仕事をしてきました。過去には看護師として、思春期の子どもたちの過ごす精神科の病棟で働いた経験もあります。その中で、子どもたちとの向き合い方について皆さんと同じように悩み、自分なりの対応方法を探し続けてきました。この本ではそんな私の経験を踏まえ、性教育のヒントになるようなお話をお伝えできたらと思っています。

また、本書ではなるべくいろいろな立場にある教育関係者の皆さん、そして子どもたちを想定した上で、お話をしていきたいと考えています。だからこそ、「これが正解」だとか「こうすべき」と明言できることは、多くはないかもしれません。

いま皆さんの目の前にいる、子どもたち一人ひとりの存在を思い浮かべながら、読み進めていただけると幸いです。

そしてこの本を読んだあと、少しでも性教育に関する不安が軽くなったり、子どもたちとの向き合い方のヒントが掴めたとしたら、こんなに嬉しいことはありません。

目次

CONTENTS

CONTENTS

School Sex Education Support BOOK

by Midwife YouTuber Shiorine

1章

学校性教育の心構え

性教育をするときの大人の「態度」「姿勢」

性教育をする上で、最も大切にしたいのは私たち大人の「態度」や子どもたちに向き合う**姿勢**です。そんな性教育をするときに必要な心構えについて、考えていきたいと思います。

○性教育の基本は「人権教育」

性教育と聞いて、皆さんはまず何をイメージするでしょうか？　妊娠出産の仕組み、生理や射精などの体の仕組みを学ぶというイメージを持たれている方が多いかもしれません。

もちろんそうした知識も大切な性教育のひとつですが、何よりも欠かせない**性教育の基本は、人権教育です**。私たちには**人権**という生まれ持った大切な権利があること。自分の体は自分のもので、自分の体に関することは自分に決める権利があること。自分以外の他者も、同じ権利を持っていること。そうした人権に関する意識こそが、性教育の基礎とも言える大切な考え方ではないかと思っています。

一人ひとりに人権という大切な権利があるからこそ、相手に触れたいと思ったときには同意の確認をしなくてはならないし、目の前の人と丁寧にコミュニケーションをとって、相手が何をされたくないのか、何をされたいと思っているのかを知る必要があります。他者の持つ大切な権利についてあらかじめ知る機会があれば、『やめて』と言われたらやめなければいけない、ということも自然と理解できるのではないでしょうか。**その人の体に関することを決める権利は、その人にしかない**という前提を、広げていく必要があります。

たとえば男子と女子のカップルで、「彼氏がコンドームをつけてくれない」といった悩みを持っている若者は少なくありません。もしあらかじめ「その人の体のことを決める権利はその人自身にしかない」という大事なメッセージをしっかりと伝えておくことができたのならば、女子生徒に「あなたが嫌だと思うことには、NOを言う権利がある」ということもしっかり伝えることができるでしょう。相手となる生徒も「妊娠する可能性のある本人が『いまは妊娠したくないから避妊したい』と言っているのだから、交渉する余地はないのだ」ということが、理解しやすいのではないでしょうか。

「いまは妊娠を望んでいない」と考える人がいて、本人が避妊を希望しているにも関わらずそれに協力しないというのは、決して許されない性暴力です。そうした**性や生殖に関する人権は、当たり前に尊重されなくてはならないものである**ということを、子どもたちに伝えていくことが重要なのです。

子どもたちにとってそうした人権意識が当たり前のものになれば、お互いに「性的な関係になる前には相手の思いを確認しよう」という認識を自然に持ってくれるのではないかと思います。**自分の体は自分のものだし、相手の体は相手のもの**。言葉にすると当然のことですが、これが性教育の基本中の基本であるような気がします。

○決めるのは「子どもたち自身」

これは私の意見ですが、性教育の役割とは**子どもたちが、自分で後悔をしない意思決定をしていくために必要な情報を提供すること**ではないかと考えています。昔、YouTube動画を見てくれた中学生が「私たちには、性の知識を学ぶ権利があるはずです」とコメントをくれたことがあります。その通りだと思います。子どもたちの学ぶ権利を、私たちが奪ってはならないのです。

自分の身を守るため、自分の体のことを主体性を持って決めていくために、必要な知識を得る権利が子どもたちにはあるはずです。その権利を無視して子どもたちの選択肢を大人が制限しようとしたり、代わりに決めようとしたりするのは、望ましいことではありません。

必要な情報をきちんと渡して、子ども自身に決めてもらう。もし迷うことがあれば、本人が決められるまで大人が一緒に悩み、寄り添う。子どもたちが選んだ道の先で何か問題が起きたり、大人の助けが必要になったときには全力でサポートする。そのために、安心して頼ってもらえるような関係性をつくり続けることが、重要なのではないかと感じます。

もちろん性に関する情報で、成人向けと指定されているコンテンツなど、理由があって視聴を制限する必要があるものも存在します。しかし、そうでない一般的な性の知識に関しても、この子にはこの情報は問題なさそうだから渡そう、この情報はまだ早い気がするから渡さないでおこう——と大人の目線で判断して制限をするような状況があるように思います。でも、しつこいようですが、子どもたちには学ぶ権利があり、自分のことを自分で決める権利があります。大人たちはあくまで、子どもたちに伴走するサポーターであるという認識を持つことが大切だと感じます。

私たちは、子どもたちに傷ついてほしくないと思うからこそ**リスクのありそうな行動を制限したい、なるべく失敗しなさそうな選択に導きたい**と考えてしまうものです。もし学校の先生だったら、何か性的な問題・トラブルが起きたときに責任を問われる可能性もあるのかもしれません。さまざまな事情や思いがあることは理解した上で、それでも基本的には**この子の人生はこの子のもの、最後に決めるのはこの子自身なんだという境界線をきちんと持つことが大切**だと考えています。

たとえば性行為をする・しないということで考えてみても、それがどんな意味を持つ行為なのか？　どういうことが体に起こる可能性があって、危険を避けるにはどんな選択肢があるのか？　さまざまな側面から見たメリットやリスク、自分に与えられている選択肢についてよく理解した上で考えると「いまはするのに適切なタイミングじゃないな」と慎重になる子もいるでしょうし、「リスクを下げる方法を取り入れた上で、しよう」と考える子もいるでしょう。どちらを選択するにせよ、**大切なのはその子が納得して選んだ選択であるか**です。あとになって「あのときよく知っていたら、こんな選択をしなかったのに」「訳がわからないまま、気づいたらリスクを負っていた」と後悔することがないように――子ども自身が性についての正しい知識を持ち、納得した上で、自分の道を自分で選べるように支えていくのが性教育ではないかと考えます。

○大人も「受け手」からスタートする

教員の皆さんから「性教育が大切なのはわかっているけど、どう話したらいいのかわからない」という悩みをよく聞きます。悩まれるのも当然で、実は教員になるための養成課程の中で「性教育の教え方を教わる」という機会は、そう多くないそうです。授業でどんな内容を扱ったらよいのかについては、後述する**『国際セクシュアリティ教育ガイダンス』**等の資料を参考にすることで詳しく理解できます。一方で、いざ授業をしようと思った際に、**どんな言葉選び**で**どんな態度**で取り組めばよいか――これまではそういったことを学べるお手本が、なかなかなかったのかもしれません。

そこでもし、すぐに自分で教えるのが難しいと思ったら、地域の助産師や産婦人科医など、**性の専門家を外部講師として呼ぶこともひとつの方法**ではないでしょうか。そうすることで、先生たちにも性の話の伝え方を一緒に学んでいただきながら、子どもたちに必要な情報を届けていくことができます。

また**外部講師には、その日しか会わないからこそ言えることがある**という面もあります。子どもたちと毎日顔を合わせる学校の先生たちの場合、関係性があるがゆえに気恥ずかしさなどが芽生えてしまい、性の話をすることに難しさを感じる場合もあると思います。「自分だけでどうにかしなくちゃと抱える必要はないんだ」ということもぜひ知っていてください。※ちなみに、2024年刊行の包括的性教育についてみんなで学ぶための教材『コロカラBOOK』〈正進社〉には、私の授業動画がついてきます。話し方の参考にしていただけるかもしれません。

性教育を伝える側になる前に、まずは大人自身が受け手として、性教育の授業を受けてみるという段階が大切だとも感じます。現代の大人たちが受けてきた性教育は、ごくごくわずかなものです。実際に性に関する具体的な情報を知ったのは、友だち同士での〝下ネタ〟的な会話や、成人向けのものを含むコンテンツからであったという方も多いでしょう。しかも、そうしたことについて人と会話することは**恥ずかしい、タブーな話題**という雰囲気があり、何か悩んだり判断に迷ったりすることがあってもなかなか気軽に相談することはできない環境でした。

そうしたカルチャーの中で育ってきたにも関わらず、急に「大切なことだから、オープンに伝えていきましょう」と言われても、難しさを感じるのは当然のことだと思います。だからこそ授業に取り組む前に、まずは大人自身が下ネタ的に誰かを消費したり、こそこそとタブー視したりしない**普通に大事な性の話**に、たくさん触れていただきたいと思います。いまはＹｏｕＴｕｂｅの動画や書籍、絵本でも性教育について知ることができるコンテンツがたくさんあります。そうしたものに触れる中で、自然と「これは普通に大事な話だな」と感じたり、「子どもたちにもこうしたことを伝えていきたい」と思うタイミングがあれば、そのときはぜひ性の話を伝える側になってみてください。

実は、性教育を全国で伝え歩いている私自身も、初めから堂々と性の話ができていたわけではありません。思春期になる頃にはなんとなく性の話に気恥ずかしさを感じるようになっていたし、そうしたことを人と話すにはそれなりの抵抗感を覚えていたように思います。その感覚が払拭されていったのは、助産師として働く中で**普通に大事な性の話**に触れる機会がたくさんあったことが大きな要因だと感じます。たとえば助産師学校で受けてきた授業では、当たり前ですが先生たちがとても真面目に性に関する話をしています。病院で働き始めても、妊娠出産に関する現場で性の話はとても大切な情報になります。当然そこに笑ったりちゃかしたりするような人はいません。そうやって日常の中にある性の話に、ある意味〝慣れる〟経験を積み重ねることで、性の話を恥ずかしいと感じることはなくなっていきました。

ぜひ**〝先生〟という肩書をいったん横に置いて、一個人として性教育を受けてみてください**。自分の持っている権利を知り、自分の性に対する価値観と向き合ってみることで、少しずつ性の話への苦手意識が薄れていくかもしれません。また、同じ職場の**先生同士で、性教育そのものについてや、それぞれが困ったケースについて話し合ってみてもよいでしょう**。先生同士で「こういう質問をされたときって困りますよね」と相談できたり、励まし合ったりできるような横のつながりも、性教育を続けていく上で大切なことだと思います。

「性の知識」何を伝えたらいい？

ここまで、性教育に取り組む際の大人の態度、姿勢についてお話ししてきました。

①性教育は人権教育である

②選択するのは子どもたち自身である

③大人自身が性の価値観と向き合うことも大切

こうした心構えを大切にしながら、性教育に取り組む準備が整ったら、今度は性教育で伝える具体的な内容を検討し始めると思います。ここからは性に関する知識で、どんなことを伝えていったらよいのかということについて考えていきます。

○性教育の国際基準とは

性教育で伝える内容を検討する上で参考にできるのが、**『国際セクシュアリティ教育ガイダンス』**です。このガイダンスは、国連教育科学文化機関（ＵＮＥＳＣＯ）、国連合同エイズ計画（ＵＮＡＩＤＳ）、国連人口基金（ＵＮＦＰＡ）、国連児童基金（ＵＮＩＣＥＦ）、国連女性機関（ＵＮ　Ｗｏｍｅｎ）、世界保健機関（ＷＨＯ）が共同で発表した、性教育の国際スタンダードといえるものです。セクシュアリティ教育に関わる世界中の専門家の研究と実践を踏まえて作成され、２００９年に初版が発表されています。その後、２０１８年に改定され現在の国際的な性教育の指針となっています。

『国際セクシュアリティ教育ガイダンス』に記されている包括的性教育とは、生殖に関する体の仕組みだけでなく、人間関係や性の多様性、ジェンダー平等、人権など幅広いテーマを扱う教育です。包括的性教育によって、健康とウェルビーイング、尊厳を実現し、子どもたち自身をエンパワーメントできる知識、スキル、態度、価値観を身につけてもらうことができると期待されています。日本でも2022年8月に、日本財団有識者会議が**『包括的性教育の推進に関する提言書』**を発表しています。

このガイダンスで扱われている内容は、次の8つのキーコンセプトに分かれます。

①人間関係
②価値観、人権、文化、セクシュアリティ
③ジェンダーの理解
④暴力と安全確保
⑤健康とウェルビーイング（幸福）のためのスキル
⑥人間のからだと発達
⑦セクシュアリティと性的行動
⑧性と生殖に関する健康

同ガイダンスの中では、子どもたちを年齢によって4つのグループ（5〜8歳、9

～12歳、12～15歳、15～18歳以上）に分けています。それぞれのグループに対して各キーコンセプトに対する学習目標が設定されているため、授業でどんな内容を扱うか検討する際の参考になるでしょう。

たとえば「キーコンセプト6　人間のからだと発達」の「6・2　生殖」では、次のような学習目標が設定されています。

【学習目標】

5～8歳

キーアイデア

妊娠は、卵子と精子が結合し、子宮に着床して始まる

学習者ができるようになること

- 生殖のプロセス、特に、精子と卵子が結合し、それが子宮に着床して初めて妊娠が始まることを説明する（知識）

5～8歳

キーアイデア

妊娠は一般的に40週程度続き、妊娠中の女性のからだはさまざまな変化をたどる

学習者ができるようになること

- 妊娠中の女性のからだがたどる変化を説明する（知識）
- 妊娠中の女性のからだがたどる変化についてどう感じるかを表現する（スキル）

キーアイデア

妊娠が始まるには、精子が卵子と結合し、子宮に着床するという条件が必要不可欠である

学習者ができるようになること

- 生殖のために必要な段階を列挙する（知識）
- ペニスが膣内で射精する性交の結果で妊娠が起こることを再認識する（知識）
- 性交によって常に妊娠するわけではないことを再認識する（知識）

9～12歳

キーアイデア

排卵日前後に精子があれば最も妊娠しやすいなど、月経周期にはさまざまな段階がある

学習者ができるようになること

- 最も妊娠しやすい時期を含め、月経周期について説明する（知識）
- ホルモンの変化が、月経や最も妊娠しやすい時期を調節していることを再認識する（知識）
- 月経周期の働きについてポジティブに認識する（態度）
- 月経に対する感じ方について省察する（スキル）

キーアイデア

妊娠には一般的な兆候があり、月経が来なかったり遅れたりしているときはできるだけ早く妊娠検査をして確認するべきである

学習者ができるようになること

- 妊娠の兆候と、胎児の発育段階について説明する（知識）
- 健康的な妊娠と出産の促進を可能にするステップを的確に認識する（態度）
- 妊娠を確認する入手可能な検査方法を説明する（知識）

12〜15歳

キーアイデア

生殖機能と性的感情には違いがあり、それらは時とともに変化する

学習者ができるようになること

- 妊娠は計画的にすることも、防ぐこともできると再認識する（知識）
- 生殖機能と性的感情には違いがあることを理解する（知識）
- 男性も女性も、性と生殖に関する機能や欲求は人生の中で変化することを認識する（態度）
- 意図しない妊娠を今後どう防ぐかの計画を立てる（スキル）

15〜18歳以上

キーアイデア

すべての人に生殖能力が備わっているわけではなく、また不妊に取り組む方法がある

学習者ができるようになること

- 妊娠したいが不妊を経験している人のための選択肢を列挙する（知識）
- 不妊に対応するための選択肢があることを認識する（態度）
- 妊娠したいが不妊を経験している人に対する共感をはっきりと示す（スキル）

　このように具体的に提案されている学習目標を参考に、授業の内容を検討していくことができます。またときどき先生や保護者の方から「○歳でこういった内容を伝えるのは早いでしょうか？」と、性教育の時期についてご相談をいただくことがあります。そうした悩みがあるときにも、この学習目標を参照することでヒントを得られると考えます。

　世界的には『国際セクシュアリティ教育ガイダンス』に記されるような「包括的性教育」をスタンダードとすべきであるという認識が広まる一方、日本ではそれが教育のカリキュラムに十分に盛り込まれているとはいえない現状があります。文部科学省が定める学習指導要領及び解説では、主に次のような内容を指導することとされています。

出典：ユネスコ編、浅井 春夫・良 香織・田代 美江子・福田 和子・渡辺 大輔訳『国際セクシュアリティ教育ガイダンス【改訂版】―科学的根拠に基づいたアプローチ』明石書店、2020、31-32ページ

〔文部科学省が定める学習指導要領及び解説〕

小学校

○体は思春期になると次第に大人の体に近づき、体つきが変わったり、初経、精通などが起こったりすること（変声、発毛、異性への関心も芽生えることについても理解できるようにする）

中学校

○思春期には、内分泌の働きによって生殖に関わる機能が成熟すること、また、成熟に伴う変化に対応した適切な行動が必要となること（射精、月経、性衝動、異性の尊重、性情報への対処など性に関する適切な態度や行動の選択が必要になることを理解できるようにする）

○妊娠や出産が可能となる観点から、受精・妊娠を取り扱うものとする

○感染症については、後天性免疫不全症候群（エイズ）及び性感染症についても取り扱うものとする

高校

○生涯を通じる健康の保持増進や回復には、生涯の各段階の健康課題に応じた自己の健康管理及び環境づくりが関わっていること（受精、妊娠、出産とそれに伴う健康課題、また、家族計画の意義や人工妊娠中絶の心身への影響などについて理解できるようにする）

○感染症の予防には、個人の取組及び社会的な対策を行う必要があること（エイズ及び性感染症についても、その原因、及び予防のための個人の行動選択や社会の対策についても理解できるようにする）

このように、現行の学習指導要領で想定されている性教育は、生殖に関連する体の仕組みや感染症のリスクを学ぶことが中心に構成されています。

出典：文部科学省、学校における性に関する指導について、https://www.mhlw.go.jp/content/11121000/000838180.pdf（参照　2025年3月29日）

また、いわゆる〝はどめ規定〟の存在が、性教育のハードルとなっているともいわれます。はどめ規定とは、学習指導要領において、特定の学習内容の扱い方を制限する規定のこと。性教育に関する部分では、小学5年理科で**『人の受精に至る過程は取り扱わないものとする』**、中学校の保健体育で**『妊娠の経過は取り扱わないものとする』**と記されている部分のことを指します。

文部科学省は性交について学校が必要だと判断する場合に指導したり、個々の生徒に対して教えたりすることはできるとしていますが、すべての子どもに共通して指導するべきことではないとも説明しています。そのため教育現場では性交に関しては教えてはならない、と捉えられがちです。

学習指導要領は、学校で最低限指導されるべき内容を定めたものであって、状況に合わせて、より発展的な内容をあつかうことは問題ありません。そのため性教育に関しても先生や学校の裁量で、包括的な内容を扱うことはもちろん可能です。そのことを知った上で、子どもたちにどんな内容を伝えられたらよさそうか、ぜひ先生たちの視点で検討していただけたらと思います。

たとえば性的同意や、避妊の具体的な方法、避妊に失敗したときに使えるアフターピルの存在など、インターネット上で自然に出会うコンテンツからはなかなか得られない情報こそ、子どもたちを守るために伝えていく必要があると私は考えています。

○「怖がらせ教育」から「人権教育」へ

これまでの性教育では、

- **恐ろしい性感染症にかからないために（性行為をしないほうがいい）**
- **意図しない妊娠で後悔しないために（性行為をしないほうがいい）**
- **性犯罪の被害者にならないために（性的なことに関心を持たないほうがいい）**

といったように、性的なトラブルに巻き込まれる怖さをあおる〝怖がらせ教育〟が実施されることがありました。こうした伝え方は**リスクを強く認識してもらうことで、**

子どもたちを性的な行動から遠ざけたいという意図から、選ばれてきた方法だと思います。子どもたちを危険から守りたいという思いには強く共感する一方、こうした怖がらせ教育は、子どもたちの**自分の体のことは自分で決める**という大切な権利を尊重しない方法であるとも感じます。

子どもたちには、自分に与えられた選択肢についてよく知り、納得した上でどんな行動を取るかを自分で決める権利があります。だからこそ性に関するネガティブな側面やリスクだけに焦点を当てるのではなく、**パートナーと良い関係性を築くにはどうするか、お互いを尊重した性的なスキンシップとはどんなものか**といったような、ウェルビーイングを実現するために必要な知識・スキルを伝える視点を持つことが重要だと考えます。

○多様な「性」があることを前提に

もうひとつ、性教育を実施していく上で大事にしたいのは、**性の多様性**についての認識です。近頃はＬＧＢＴＱ＋といった言葉を耳にする機会も増えてきたので、「世の中にはいろいろな性のあり方があるらしい」とご存じの方も、多いのではないでしょうか。ここではあらためて、授業をするときに念頭に置いておきたい性の多様性について考えていきたいと思います。

いまの社会において、多数派の性のあり方は「シスジェンダー（生まれたときに割り当てられた性と自分が認識する自分の性が一致する性のあり方）」であり、かつ「ヘテロセクシュアル（異性に恋愛感情や性的欲求を感じる性のあり方）」であるというふたつの要素を持っています。そしてその要素に当てはまらない、少数派の性のあり方を持つ人たちのことをセクシュアルマイノリティ（性的少数者）と呼んだり、ＬＧＢＴＱ＋と呼んだりしています。ＬＧＢＴＱ＋という言葉は、それぞれレズビアン、ゲイ、バイセクシュアル、トランスジェンダー、クエスチョニング／クィアの頭文字を取った上で、さらにそれ以外のあらゆる性のあり方も含めるという意味から＋（プラス）をつけた言葉です。

調査にもよりますが、いまの日本には約10％の割合でＬＧＢＴＱ＋の方がおられるということがわかっており、皆さんが過ごす地域や学校の中にも必ずいるはずです。ときどき、「うちの学校にＬＧＢＴＱ＋の子はいないですよ」と話される先生とお会いすることがありますが、当事者が**誰にも明かしていないだけ**という可能性も十分にあります。だからこそ**きっとこの中にもＬＧＢＴＱ＋の子がいる**という前提で、授業の内容やさまざまな仕組みを検討していくことが大切です。

一人ひとりの性のあり方を構成する要素は本当に多様です。たとえば「好きになる性／性的な欲求を感じる性（性的指向）」「自分が認識する自分の性（性自認）」「自分自身が表現する性（性表現）」「自分の体が持つ性的な特徴（身体的性）」など、さまざまな要素が組み合わさって、その人らしい性のあり方を形作っています。その性のあり方に〝レズビアン〟〝トランスジェンダー〟〝アロマンティック〟など名前がついていることもあれば、まだ名前がついていないような性のあり方もきっとあるでしょう。まずは**世の中にはいろいろな性のあり方があって、自分が知らない性のあり方もたくさんあるのだろう**という前提を持っておくことが大切なのだと感じます。

そして、**どんな性のあり方であろうと、そこに優劣はありません。**多数派だったら偉いとか少数派だったらいけないなんてことはなく、**どんな性で生きる人も同じように尊重されて、自分らしく生きていく権利があります。**そうした認識を念頭に置いておくと、子どもたちとの接し方にも変化が生まれるかもしれません。

たとえば、女子生徒に対して「いつかは彼氏ができるんだから……」などと、本人がヘテロセクシャルだと決めつけて話をするのはいかがでしょうか。もちろん女性が女性と交際することもありますし、女性も男性も恋愛の対象になるかもしれない。もしくは本人が恋愛感情を感じない、という性のあり方であるかもしれません。そうした可能性を少し想定できたら、たとえば「もし将来恋人ができたら……」などのように選ぶ言葉が変わってくるのではないでしょうか。

性のあり方については「配慮が難しい」「どんなふうに理解したらいいかわからない」という声を耳にすることもありますが、

- **性のあり方は、きっと想像以上に多様である**
- **どんな性のあり方で生きる人にも、自分らしく生きる権利がある**

まずはこのふたつを、念頭に置いていただけたらと思います。

世の中のさまざまな仕組みは、どうしても多数派にとって都合のいいようにデザインされています。そうした社会で生きるＬＧＢＴＱ＋の子どもたちは、悩んだり困ったりさせられてしまう経験が多くなりがちです。だからこそ大人たちは、そうした子どもたちの自分らしく生きていく権利をどうか守ってほしいと思います。

ＬＧＢＴＱ＋について理解し、差別や偏見をなくそうと行動する人のことを「アライ（Ally）」と呼びます。アライの大人がその地域や学校にひとり、ふたりと増えるごとに、その場所が子どもたちにとって安心できる居場所になるでしょう。

性教育、何から始める？

　ここまで性教育を授業の中で伝えることを想定してさまざまなお話をしてきましたが、そもそも性教育に使える時間は、学校によって異なるかと思います。まとまった授業の時間を割いて、性教育の幅広い内容をすべて扱うというのが現実的には難しい、というケースもきっとあるでしょう。

　もちろん授業の時間をしっかり確保できればベストだと思いますが、それが難しかったとしてもできることはたくさんあります。ここからは授業以外の場面で伝えられる性教育について考えます。

○日常会話からでも性教育はできる

私は、性教育は日常会話の積み重ねだと考えています。身近な大人が性について話すとき、どんな価値観を、どんな言葉で、どんな態度で伝えるかということによって、子どもたちが学び取っていくことは本当にたくさんあるからです。

たとえば家庭科の授業で家族について扱うときに「世の中には、同性のパートナーと一緒に子育てしている家族もいるよね」と一言話すことで、多様な性のあり方について知らなかった生徒も「そういう家族の形もあるんだな」と学ぶきっかけになるかもしれません。もしくは休み時間に「生理でしんどいんだよね」などと話している生徒がいたら、「つらすぎる生理は婦人科で治療する対象になるよ」と話すことで、性の話はタブーな話題でないというメッセージを届けることもできるでしょう。

あわせて私は、学校の性教育における強みとは、**継続して伝え続けられること**だと考えています。私のような外部講師は、単発の1～2時間の中で知識を伝えることはできても、十分な信頼関係を築いたり、日頃の何げないコミュニケーションを取ったりすることはできません。一方で先生たちは、毎日子どもたちと接する中で、その姿勢や価値観から子どもたちにさまざまな影響を与えています。そんな先生たちが、子どもたちの権利を尊重する関わり方をしていたり、多様な性のあり方を想定したコミュニケーションを日頃から実践していたりしたら、子どもたちにも自然とメッセージが伝わっていくものだと感じます。そしてそんな先生がいてくれることは、子どもたちにとって「何か困ったら、あの先生にならら言えるかも」と感じられるような、安心感のある関係性につながっていくように思います。

○大人は子どもたちの伴走者である

はじめに「性教育の基本は、人権教育である」という話をしました。性教育の第一歩はやはり、**子どもたちの権利を、大人が尊重すること**です。**子どもたち自身に決め**

てもらう、子どもたちの多様な性のあり方を尊重する、子どもたちの声を無視しないなど、ひとりの対等な人として子どもたちと接するだけでも、子どもたちの持つ大切な権利を伝えることができるのではないでしょうか。

子どもたちにとって、学校が「自分の意見が大事に扱われている」と思える場であるかどうかは、その後の人生にも大きく影響すると感じます。子どもたちが大きくなったとき、つらいことがあったときに「助けて」と言える、嫌だと思うことがあったときに「やめて」と言えるように。ぜひ子どものうちに、自分の声を聞いてもらえたという成功体験をたくさん得てほしいと思います。

私たち大人世代にとって、学校は先生の言うことを聞く場所でした。そういった感覚を持つ方にとっては、子どもの意見を尊重しようというメッセージは違和感を覚えるものかもしれません。実際に「子どもにナメられてしまったらどうしよう」という不安の声をいただいたこともあります。そこで思い出していただきたいのは、やっぱり**子どもの権利**のことです。

１９８９年国連総会で採択された「子どもの権利条約」には、次の４つの原則が定められています。

①**差別の禁止**（すべての子どもは、子ども自身や親の人種や国籍、性、意見、障がい、経済状況などどんな理由でも差別されず、条約の定めるすべての権利が保障される）

②**子どもの最善の利益**（子どもに関することが決められ、行われる時は「その子どもにとって最もよいことは何か」を第一に考える）

③**生命、生存及び発達に対する権利**（すべての子どもの命が守られ、もって生まれた能力を十分に伸ばして成長できるよう、医療、教育、生活への支援などを受けることが保障される）

④**子どもの意見の尊重**（子どもは自分に関係のある事柄について自由に意見を表すことができ、おとなはその意見を子どもの発達に応じて十分に考慮する）

出典：ユニセフ、子どもの権利条約の考え方、https://www.unicef.or.jp/crc/principles/（参照　2025年3月29日）

子どもの権利条約は、日本も1994年に批准しており、この4つの原則は2023年に施行された子どもに関する基本的な法律である『こども基本法』に取り入れられています。子どもを〝大人が管理する存在〟と捉えてきた時代から、ようやく〝対等なひとりの人間〟として扱おうとする時代に変化してきたといえるかもしれません。

大人の〝威厳〟のようなものを手放すことに不安を覚える方もおられるかもしれませんが、それは子どもたちの権利を尊重できる大人になるための大切な一歩です。決して情けないことでも、カッコ悪いことでもなく、誇りに思っていいことなのだということを、ここでしっかりお伝えしたいと思います。

2章

性教育を行うときに知っておきたいQ＆A

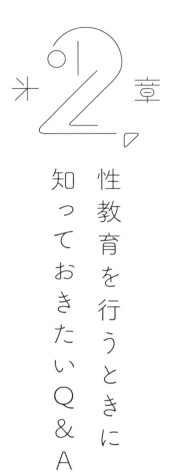

第1章では、性教育に臨むときの考え方や大人の態度、姿勢についてお話をしてきました。特に、**性教育＝人権教育**であることを前提とした考え方は、私が何より大切に考えているところです。性教育というのは、性や生殖に関する体の仕組みなどの知識を学ぶというだけでなく、それぞれが自分という人の体を持ちながら、ほかの人とも関わり合って、この社会で健康に安全に生きていくための知識・スキルを身につけることだと考えます。そして子どもたちには、それを学ぶ権利があります。

この第2章では、**子どもたちの持つ権利**を大切にした上で、どのように性教育に取り組んでいくのか？　実際に先生方からいただいた質問に回答する形で、より実践的な場面を想定しながらお話をしていけたらと思います。

性教育には絶対的な正解はないので、あくまで私のひとつの意見として捉えていただければと思いますが、「性教育ってこう進めていけばいいんだ」という具体的なイメージを持つ手助けになれば幸いです。

Q1

子どもたちが性的なことを話しているときに、「それを言ってはいけない／してはいけない」と指摘する際の伝え方が難しいです。どのように伝えればよいのでしょうか？

まず私は、**性の話のすべてをNGにする必要はない**と思っています。性の話といっても その内容は、いわゆる〝下ネタ〟的な話から、性や生殖についての知識の話、健康や安全を考えるための権利の話、ほかの人と良い関係性を築くためのスキルの話などさまざまです。子どもたち自身や、彼らの大切な人の健康や安全を守るためには、性についての知識を得たり、周囲の人とコミュニケーションを取ったりしていくことは大切です。だからこそ、性的な話題に関心を持ったり、それを友人同士で話したりすること自体を否定する必要はないと考えます。

一方で、性的なことの中にも〝言ってはいけないこと〟〝やってはいけないこと〟はあるでしょう。具体的には、スカートめくりやズボン下ろし、話したくないと言っている人への性的な話題の強要など、**他者に向けての性暴力やハラスメントになるような言動については、明確に指摘をする必要があります。**

では〝言ってはいけないこと〟〝やってはいけないこと〟をした子どもたちに、どう対応するか。重要なのは単に禁止するだけでなく、なぜダメなのかをきちんと説明し、その振る舞いを再度繰り返さないよう、本質的な理解を得ることです。

たとえば、ある子がふざけて友だちにキスをしようとして、相手の子が嫌がっている、という場面があったとします。こうしたときには「そういうことはやめなさい」と、その子の取った行動を制止するだけでなく、なぜそれが望ましくない行動なのかを伝えることが大切だと考えます。

口や、水着で隠れる部分（性器や胸）はプライベートゾーンといって、体の中でも特に大切な場所です。プライベートゾーンは相手の許可なく見たり触ったりしてはいけないし、自分のプライベートゾーンも勝手に見られたり触られたりしていい場所ではありません。相手の体、特にプライベートゾーンに触れたいと思うときは、相手の明確な同意（いいよ、OKという返事）を確認することが重要です。同意がなく勝手に触れたり、見たりすることは、性暴力になります。それは相手の権利を侵害する行動だから、絶対にしてはいけないことです。

このような理由をきちんと伝えることで、子どもたちも「なぜ注意をされたのか」が理解しやすいはず。それを積み重ねることで少しずつ、子どもたちの行動にも変化が訪れるのではないかと思います。

POINT

- 性の話を、すべてNGにする必要はない
- 子どもたちの取った行動を制止するだけでなく、なぜ望ましくない行動なのかという理由をきちんと説明することが大切

Q2

思春期の子どもたちが、意味を理解しないままにいやらしい言葉を連呼します。こんなとき、どう対応したらよいのでしょうか？

生まれたときからインターネットが身近にある子どもたちは、性に関する情報にさまざまな場所で出会います。性的なものを自分から見ようとしていなくても、ネット広告で成人向けコミックのイラストが流れてきたり、ＹｏｕＴｕｂｅｒの会話の中で性的なワードが飛び交っていたり。そうして見聞きした情報をまねて下ネタ的に話すこともあるでしょうし、意味はわからないけれど友だちが笑ってくれるから話している場合もあるかもしれません。

こうした場面にもし私が遭遇したら、性の話をするにも**ＴＰＯ（とき、場所、場面）をわきまえる必要がある**ということを伝えるかなと思います。お互いにこういう話をしたいよね、楽しいね、知りたいよね、という合意がとれた関係性の中で下ネタを楽しむことは、必ずしも問題があるとは思いません。でも、性的な話題を他人と共有したい人もいれば、共有したくない人もいます。同じ輪の中にいても、自分はそうした話題には入りたくない、楽しくない、という子もいるはずです。この場所にいるみんなが楽しめている話題かどうか、少し冷静に判断する視点を持っておくことが必要なのではないでしょうか。

また仲間内の会話にとどまらず、学校の廊下や電車の中などといった**公共の場で話すのに適切な話題かどうか**を考える視点も重要でしょう。公共の場では、会話の内容が耳に入るすべての人たちに、「この話題は嫌じゃないですか？」と確認することはできません。そのような場面では性的な話はしない、というのもひとつの方法でしょう。

大人から見て〝いやらしい〟と感じるような話題を子どもたちが話していると、それを否定したくなる気持ちが湧くかもしれません。しかしそこで「そんな話はやめなさい」と一方的に禁止することは、できれば避けておきたいところです。子どもたちが性的な話題に関心を持ったり、それを友人と話したいと思ったりする気持ちは何も悪いものではありません。だからこそ、ただそれを禁止するのではなく、性的な話をしたい人もしたくない人もいるということを伝えた上で、〝ＴＰＯをわきまえる〟とはどういうことなのか、子どもたちと一緒に考えていけるとよいのではないかと思います。

POINT

- 性の話をするとき気をつけたい〝ＴＰＯ（とき、場所、場面）〟を伝える
- 子どもたちが性的な話をすることを一方的に禁止はしない

Q3

性教育の授業になると、生徒がクスクス笑いだしてしまいます。しっかり聞いてもらいたいのですが、何か良い方法はありますか？

性教育の授業をしている際に、生徒が笑いだすことはよくありますよね。先生がそれを不安に思うのも、自然なことだと思います。

子どもたちがなぜ性の話で笑いだすのかを考えてみると、テレビやYouTube、漫画などの影響も大きいのではないかと感じます。メディアで見聞きする性の話の中には、下ネタ的な文脈で性の話を面白おかしく揶揄するものも多く存在します。反対に、私たちの生活にとても身近な、健康や安全を守るための性の話はあまり耳にしないかもしれません。そうした背景があることを考えると、性的なワードが聞こえただけでつい噴き出してしまう子どもたちの気持ちも、少し理解できる気がします。**性の**

話が面白い話題だとつい感じるから笑っているだけで、先生が笑われているわけではない。そのことを認識しておくと、不安が軽くなることもあるかもしれません。

私自身は、子どもたちが笑っているときに「笑わずに聞きなさい」と叱責する必要はあまりないように感じています。もし子どもたちとの間に気軽な対話ができる関係性があれば、「どうして笑っているの?」「何が面白かった?」と威圧感を出さずに、フラットに尋ねてみてもよいかもしれません。もしかしたら子どもたち自身も、性の話になんとなく感じる気まずさや気恥ずかしさをごまかしているだけ、という場合もあります。性の話をなぜ恥ずかしく感じるのか、ということを一緒に考えてみることも、性教育の一歩になるでしょう。

初めはクスクス笑っていた子どもたちが、性教育の授業が進むにつれて、じっと真面目な表情で聞き入ってくれる。そういった体験を、私自身も何度も経験しました。たとえば私たちの命が生まれる過程では、精子と卵子が合わさって受精卵になり、その卵が子宮に着床してやっと妊娠が成立する。そうした話を知ることで「体ってよくできているな」「自分もこうやって生まれてきたのか」といったように性教育を学ぶ楽しさを実感していただけると、自然とふざけた空気が変わっていくように思います。もちろん最後までクスクス笑い続ける子がいることもあると思いますが、だからといって、その子が真面目に聞いていないとも限りません。どうしても生まれる気恥ずかしさをごまかしながら、耳ではしっかりと話を聞いていて、伝えたことを覚えてくれていることだってあります。**子どもたちにはきっと伝わる**と信じながら、大人が淡々と伝え続けていくことが大切です。

大人自身が性教育をするときに気恥ずかしさや気まずさを感じていると、子どもたちもそれを敏感にキャッチします。そして子どもたち自身もなんとなく恥ずかしくなって、笑わずにいられないということも起こり得るでしょう。だからこそ性教育を担当する大人自身が、ある程度、性の話題に慣れておくということも大切かもしれません。

子どもたちに限らず、私たち大人世代も、十分な性教育を受けてきていません。身近に触れる性の話題は〝恥ずかしい〟、〝いやらしい〟と扱われる性の話であったことも多く、そうした話題を子どもたちの前で話すことに抵抗感を覚える方も少なくないと感じます。そうした心境を無理に押し込めて授業をすることは、先生にとっても負担の大きいことです。

そんなときにおすすめしたいのは、**まず大人自身が受け手になって性教育をたくさん受けること**です。いまは性教育に触れられる書籍や漫画、動画コンテンツが多数あります。それらを活用して、まずは自分が学ぶ側に立ち、ぜひ性教育を受けてみていただきたいと思います。そうやって大切な話題として性の話が扱われる場面にたくさん触れることで、自然と「普通に大事な話だな」と思えたり、性的なワードや話に慣れていくことができるかもしれません。そして自分の中にある恥ずかしさや抵抗感が薄れたり、これは自分も伝えていこうと思えたら、今度は子どもたちに伝える側に立って、自然に話ができるのではないかと考えます。

POINT

- 性の話でつい笑ってしまうことを責めなくてOK
- 笑われているのは先生自身ではない
- まずは先生自身が性教育をたくさん受けてみるのもおすすめ

Q4

子どもたちが面白がって「先生はセックスをしたことがあるの？」「彼氏・彼女はいるの？」など、答えづらい質問をしてきそうで怖いです。どのような態度で、どう答えたらよいのでしょうか？

性教育の時間に子どもたちが「先生は、セックスをしたことがあるの？」「彼氏・彼女はいるの？」など、答えづらい質問をしてくることはよくあります。「どう答えればいいのかわからない」「うろたえてしまいそう」と悩まれている方も多いと思います。

まず覚えておいていただきたいのは、性教育を伝えることと、大人自身のプライバシーを開示することは、まったく別物であるということです。**性教育を伝える立場だったとしても、自分自身のプライバシーを無理に開示する必要はないし、話したくない**

ことは話さなくてよいのです。そうしたプライバシーについて教えることも、大人自身が嫌なことにきちんとＮＯを言う姿勢を見せることも、大切な性教育になると思います。たとえば、生徒からされた質問が「答えたくない」と思う内容であれば、素直に**「それは先生のプライバシーに関する話なので答えたくありません」**としっかりお伝えしてよいのではないでしょうか。大人自身のプライバシーを守る権利はもちろん、子どもたちにもどんなときだって自分のプライバシーを守る権利があるのだということを伝える機会にもできるでしょう。

また私自身は、性教育の時間に大人の個人的なエピソードを話す必要性はあまりないと感じています。私が出会った子どもたちの中には「聞いてもいないのに先生が自分の性体験の話をしていて気持ちが悪かった」「先生の個人的なエピソードを聞いて嫌な気持ちになった」と話す子も少なくありませんでした。

なかには照れ隠しだったり、自分の気恥ずかしさをごまかす手段として、下ネタ的な自分の性体験エピソードを授業に取り入れる方もいるのでしょう。背景には、みんなに笑ってほしい、気まずい空気を変えたい、という思いがあるのかもしれませんが、そこに明確な必要性がないのなら、大人の個人的な性体験について話す必要はないと感じます。むしろそれが、子どもたちへのハラスメントになる可能性があると認識しておくことも重要です。

では、大人の個人的な体験を授業に活用することが適切なケースとは、どんな場面でしょうか？　たとえばある先生が妊娠中で、子どもたちから「おなかで赤ちゃんはどんなふうに過ごしているの？」「赤ちゃんの心音を聞いてみたい」といった発言があった場合はどうでしょうか。こうしたときには先生の個人的な妊娠という機会を活用して、性教育につなげる、という選択もできるかもしれません。大事なのは、**子どもたち自身が学びたいと望んでいて、先生も個人的な体験を共有することに同意しているかどうか**だと思います。

POINT

- 性教育を伝えることと、プライバシーを開示することは分けて考える
- 性教育に個人的な体験談を交える必要は、基本的にはない

Q5

異性の生徒に性教育をする場面があるのですが、自分の発言が予期せぬセクハラになってしまっているのではないかと不安になることがあります。セクハラにならないために、気を付けるべき点などはありますか？

まず「セクハラにならないように気をつけよう」という意識を持つことは、とても重要だと思います。「自分の言動によって傷つく人がいるかもしれない」とアンテナを立てながら言葉を選んで接することが、結果的に相手を尊重したコミュニケーションにつながります。

相手の権利や価値観を尊重したコミュニケーションの基本は**適切なバウンダリー（境界線）を保つ**ことだと考えます。たとえば子どもたちのプライバシーを侵害しないこと。「そろそろ生理来た？」と聞いたり、「男ならオナニーくらいするでしょう」と決めつけたり。相手が明かしたいと思っているかもわからないプライベートな情報を聞き出したり、話したいかどうかわからない性的な話題を押し付けたりすることは、セクハラにあたります。大人と子どもであっても当然、対等な人間と人間です。目の前の子どもたちにも**自分のプライバシーを誰に、どこまで開示するかは自分で決める**という権利があることを決して忘れずに、適切なバウンダリーを保つことを意識しましょう。

異性の大人から性について話すときには、特に**子どもたちに必要な、知識・スキルを伝える**という姿勢を心がけられるとよいでしょう。たとえば「生理とはこういうものので、生理がきた人はこういう生理用品を使って手当をします」という知識や対処法を伝えたり、「包茎でもこういう状態なら心配ない」など知っておいてほしい情報を共有したり。子どもたちのプライバシーに踏み込まなくとも、できる性教育の形はたくさんあります。そうして子どもたちとの間に適切なバウンダリーを保ちながら授業を行う姿勢を持てていたら、それが異性の大人からであっても、ある程度心理的安全性の高い空間が作れるのではないかと思います。

また性についての話に触れる前に**なぜこうした話をするのか、どうしてこの知識や**

スキルを学ぶことが必要なのかといった理由を共有することも、効果的かと思います。たとえば私たちも、産婦人科で男性の医師から病気の説明の一環として性的な話を聞いた際に、それをセクハラだと感じることは少ないと思います。でも「パートナーとのセックスがどうこう……」などと治療の内容に関係もないのに聞かれたりしたら、それはセクハラだと認識します。いま話している性の話が、自分たちに必要な理由は何か。それを理解し、納得してその場にいてもらうことが重要なのではないでしょうか。

具体的に〝どこからがセクハラ〟という基準を明示することは、とても難しいです。文字にすれば同じ言葉のやりとりでも、それを発した人の思いや、目の前の人との間にある関係性によっても判断が異なるからです。だからといって、子どもたちとの会話を恐れすぎる必要もないと感じます。大切なのは、目の前の人との間に適切なバウンダリーを保ち、プライバシーにむやみに踏み込まないこと。そしてもしセクハラだと指摘されたら、誠意を持って受け止め謝罪し、言動を改めることです。

また子どもたちの中には「異性の先生とは、どうしてもそういう話をしたくない」

という子もいるでしょう。たとえば異性の大人から性加害を受けた経験があったりすると、性教育の時間がとても苦しいものになる可能性もあります。そうした際は決して無理強いせず、可能な範囲で個人に合わせた対応をすることが望ましいと考えます。

POINT

- 「セクハラにならないように」と意識することは大切
- 相手との間に、適切なバウンダリー（境界線）を保つ
- 性教育の目的や伝える理由を共有することもおすすめ

Q6

男子と女子で異なる体の仕組みや生理現象を持っていますが、異性の体の仕組みについてどこまで詳しく教えるべきでしょうか？ ポイントがあれば教えてください。

私自身は、性教育の授業で扱う内容を性別で分ける必要は特にないと考えています。

そもそも性のあり方は多様で、その人の持つ体の性的特徴と性自認（自分が認識する自分の性）が必ずしも一致するとは限りません。そうした中で性教育を行う場を〝男の子グループ〟〝女の子グループ〟と分けること自体が、適切でない場面もあります。また自分が持つ体の性的特徴と、異なった体の構造を持つ人がいると知ることも、その後の生活に役立つ大切な性教育になるでしょう。

また、先にご紹介した『国際セクシュアリティ教育ガイダンス』を参照してみても、男子と女子とで学習目標が分けられるトピックスはありません。たとえば「キーコンセプト6 人間のからだと発達」の「6・1 性と生殖の解剖学と生理学」の学習目標の一部を参照すると、次のように提示されています。

〔学習目標〕

5～8歳

キーアイデア

自分のからだの名称と機能を知ることは重要で、性と生殖にかかわる器官も含め、それらについて知りたいと思うことは自然なことである

学習者ができるようになること

- 内性器、外性器の重要な部分を明らかにし、それらの基本的な機能を説明する（知識）

キーアイデア

障がいのある人を含む誰もが、尊敬に値するそれぞれにすばらしいからだをもっ

ている

学習者ができるようになること

●男性と女性、男子と女子のからだの同じところ、違うところ、そしてそれらが時間の経過とともにどう変化していくかを明らかにする（知識）

9～12歳

キーアイデア

女性のからだが月経周期の中で排卵する、男性のからだが精子をつくり出し射精する、この両方が生殖には必要である

学習者ができるようになること

●生殖を引き起こすからだの重要な機能（月経周期、精子の産生、射精など）を説明する（知識）

出典：ユネスコ編、浅井 春夫・良 香織・田代 美江子・福田 和子・渡辺 大輔訳『国際セクシュアリティ教育ガイダンス【改訂版】―科学的根拠に基づいたアプローチ』明石書店、2020、128-129ページ

この内容からも学びとれるように、性教育の場では特に性別でグループ分けをする必要はなく、人間の体の仕組みについて皆等しく知識を得られるとよいのではないでしょうか。

POINT

- 男子／女子で伝える内容を分ける必要はない
- 具体的にどんな内容を扱うかは『国際セクシュアリティ教育ガイダンス』を参考にすると◎

Q7

男子と女子で教室を分けて性教育を行うとき、子どもたちが「異性のクラスは何をやっているの？」と尋ねてくることがあります。どのように答えるのがよいのでしょうか？

もし男女で分けて授業をするのであれば、実際に授業した内容を素直にお話ししていただけたらよいと思います。たとえば女の子の教室のほうでは生理の話をしていて、男の子の教室のほうでは射精の話をしていたとして、どちらの情報も「異性だから知ってはいけない」というものではありません。**自分の体には起きない生理現象について知識を持っておくことは、子どもたちにとっても役立つ学びとなるのではないでしょうか。**

またそもそも男女で教室を分ける必要があるのか、ということについても、一度検討してもよいかもしれません。Q6でも述べたように、この社会にはさまざまな性のあり方を持つ方がいて、〝男の子グループ〟〝女の子グループ〟と分けること自体が、適切でない場面もあります。

これまでの社会には、性に関する話をタブー視する風潮がありました。たとえば生理に関する話題は女性だけで話すべきで、男性は触れてはならない話題だと教えられてきた人も少なくありません。でも、私たちはこの社会の中で、性別に関わらずさまざまな人と一緒に過ごしています。その中でお互いが持つ事情や困りごとを理解し合い、お互いに配慮できるような関係性を育むためにも、あらゆる人の立場を想像できるような学びの機会をつくることが大切なのではないでしょうか。

POINT

- 性教育のとき、必ずしも男女で場を分ける必要はない
- もし場を分けるとしても、伝えた内容は共有して◎

Q8

女子には女性教員、男子には男性教員、と同性が性教育を行うことを求められます。私は、これは性別による役割の押し付けのように感じています。性別問わず皆で性教育を進めるためにはどんなことができるか、アドバイスがほしいです。

「同性だから」という理由だけで、性教育の担当となることには私も少し違和感を感じます。教員の性別に関係なく、性教育に関する知識があり、授業をする適性のある先生が担うべきだと考えるからです。

たとえ生徒たちと同性だったとしても、性教育について自ら学んだり、子どもたちに伝えたいという意欲を持っていなければ、授業を担うのはとても難しいことです。

私が以前お会いした保健体育の先生は「教員になる課程の中で、性教育の教え方を学んだことはほとんどなかった」とお話しされていました。またある養護教諭の方は「学生時代に性教育に触れたのは、グループワークでそのテーマを選択した人だけだった」と話されていました。すべての養成課程がそうではないのかもしれませんが、その話が本当なのであれば、保健体育の先生や養護教諭の先生だからといって、すべての教員が適切な性教育ができるわけではないということになるでしょう。そうした背景にも課題があると感じつつ、この状況下で子どもたちに性教育を届けようとするときには、**先生方が自ら学び、実践につなげるというプロセスが不可欠です。**

だからこそ、性教育を伝えるときには、その先生の性別よりも、学んでこられた知識やそれを伝えるスキルを重視するべきなのではないかと感じます。

POINT

● 性教育を担当する先生は、性別よりも適性で判断する

Q9

勤務している学校では、妊娠・出産に関する教育が行われておらず、教員にも教え方のノウハウがありません。子どもたちの役に立つ、情報の伝え方を知りたいです。

自分の思い描くライフプランを実現したり、意図しないタイミングでの妊娠を防いだり。自分の納得のいく人生を歩んでいくために、妊娠・出産に関する正しい知識を持つことはとても大切です。一方で、学習指導要領に記載された〝はどめ規定〟もあり、中学生までは妊娠の具体的な仕組みを伝えづらい環境があることも事実です。

しかしそうした現状の中でも、教科書以外の別の資料を作成したり、性教育を学べる映像コンテンツを用意したり、外部から講師を呼んだりなど、さまざまな方法を駆使して、子どもたちに必要な情報を届けてくださっている先生も全国にたくさんいます。既存のコンテンツを活用するといった方法は、取り入れるハードルも低いかと思います。まずは現状で取り入れられそうなものから、実践していただくのがおすすめです。もし同じ地域に性教育を熱心に行っている先生がおられたら、ノウハウを共有していただくのも良い方法かもしれません。実際に養護教諭の方々の間で、呼んで良かった外部講師の情報などはよく交換されているそうです。

妊娠・出産に関する知識を含む性の基礎知識は、子どもたちが自分の人生を安全に、健康に生きていくために欠かせない知識です。たとえば将来交際した相手から「セックスがしたい」と言われたときに、ＹＥＳと答えるのかＮＯと答えるのか。それはその子の人生に影響を与え得る、とても大きな選択です。そうした一つひとつの場面で自分が後悔しない選択をするためには、判断の根拠になる情報が必要です。セックスというのはどういう行為のことを言っていて、それをするとどんなことが起こり得るのか。よいこととしては、相手との関係性がより深まって、幸せな気持ちになるかもしれない。でも意図しない妊娠を経験したり、性感染症にかかったりするリスクもあるかもしれない。では正しく避妊するためにはどうしたらいいのか……。そういった知識をきちんと知った状態でようやく、心から納得できる〝する・しない〟の決断につながるのではないでしょうか。

POINT

● 性の基礎知識は、生徒たちが健康に生きるために必要な情報

● 子ども自身で、後悔のない意思決定ができることを目指す

Q10

動画配信サイトやブログ記事などで、不意に性的な広告やコンテンツが流れてくることがあります。子どもたちがあらゆる情報に触れやすくなっているいま、この問題にどう対処したらよいのでしょうか？

インターネットがとても身近な存在になったいま、子どもたちに入るすべての情報を大人がコントロールできるような状況ではなくなっていますね。それに付随して、性教育に関する大人たちの悩みも、より深刻になっているのを感じます。

ネット上のコンテンツを見ていると、性的な情報にあらゆるところで遭遇します。たとえば楽しくエンタメ系ＹｏｕＴｕｂｅｒの動画を見ている中で、雑談としてふいに性的なワードが出てきて、その意味が気になって検索したら、アダルトコンテンツに誘導されてびっくりする……といった経験をする子どもたちは少なくありません。

またゲームの攻略法などの調べ物をしている中で出会った記事に、性的なコンテンツの広告がどんどん出てきて驚かされるようなケースもあります。あえて**自分からアダルトコンテンツを見に行こうと思っていなくても、性に関する情報に出会う機会があふれている**。そうした現代社会において、たとえ子どもたちの持ついろんなデバイスにフィルターをかけていても、そこに引っ掛からない普通のコンテンツの中に性に関する情報が紛れていることは珍しくはありません。

いまの時代に〝インターネット上にある性に関する情報を完全に遮断する〟というのはほとんど不可能だと思います。そこで必要なのは、**知っておいてほしい基本的な性の知識を、あらかじめきちんと伝えておくこと**。そして子どもたちが自分自身で考え、正しい情報とそうでない情報を**取捨選択できる知識と能力を身につけてもらうこと**ではないかと考えています。

ネット上にあふれる性的な情報の中には、娯楽として消費するための性的な情報は多々ありますが、自分や他者の権利や安全を守るための、基本的な知識を得られる内容は少ないように思います。そうした基礎的な情報を信頼できる大人からきちんと伝えられた状態でネットを活用するようにしていただくことが、結果的に子どもたちを守ることにつながるのではないでしょうか。

POINT

- 子どもたちは、性の情報に容易に出会う環境で暮らしている
- 信頼できる情報をあらかじめ渡し、自分で判断する力を身につけてもらうことが大切

Q11

さまざまな子どもたちがいる中で、ＬＧＢＴＱ＋への知識が不足していたり、配慮に欠ける言葉がけをしたりしている先生を見かけることが多々あります。教員としてどのような知識を持っている必要があるか、教えていただきたいです。

基本的な認識として持っていていただきたいのは**〝性のあり方は多様である〟**ということ。そして**〝どんな性のあり方にも優劣はない〟**ということです。一人ひとりがもつ性のあり方には、「性的指向」「性自認」「性表現」などのさまざまな要素が関係します。たとえば男性に対して恋愛感情や性的欲求が向く男性の場合にはゲイ、生まれたときに割り当てられた性と自分の認識する性が異なる場合にはトランスジェンダーなど、その性のあり方に名前が付いていることもあります。そうしたキーワードも知識として知っていることは大切かもしれませんが、すべて完璧に覚えることよりも大切なのは、**自分の想像しうる性のあり方が世の中のすべてではない**、という意識を持つことかと思います。そして**どんな性のあり方を持つ人も、尊重されて生きていく権利がある**のだということを忘れなければ、子どもたちを尊重した振る舞いができるようになっていくのではないかと考えます。

たとえばトランスジェンダーの生徒が「自認する性の制服を着たい」と相談してきたとき。性のあり方についての知識がまったくなかったら、個人のわがままだとか、気の持ちようで変えられるものだ、などと言ってしまうかもしれません。そうした誤解に基づく言動は、勇気を出して相談してくれた子どもたちの心を、深く傷つけることもあります。

社会の仕組みやあらゆるシステムは、どうしても多数派にとって都合の良いデザインになっていることが多いです。その中でセクシュアルマイノリティの子どもたちは、理不尽に傷つけられたり、モヤモヤを抱えさせられてしまうことも多いのが事実です。しかし**子どもたちには、自分のありたい性で生きていく権利があります。**その権利を守れるのは、身近で支える私たちです。学校の制度やルールに配慮が必要なものはないか、子どもたちが安心して相談できる環境があるか、そうしたことを考え続けてくれる大人がいることは、子どもたちにとってとても心強いサポートになるのではないかと思っています。

POINT

●性のあり方は多様である、という前提知識を持つ
●すべての人に、自分のありたい性で生きる権利がある

Q12

子どもたちが性暴力の加害者にも被害者にもならないために、教員として伝えておくべきポイントがあれば教えてください。

何より一番に伝えたいのは、**人権**という意識だと感じます。「あなたの体はあなただけのもの。あなたの体に関することはあなたに決める権利がある。そして同じ権利がほかの人にもあるんだ」と伝え続けていくことが、加害を防ぐためには欠かせません。そうした権利についての知識を知ってもらうことによって、誰かの体に自分が触れたい、見たいと思ったとしても、相手の同意がなければ行動してはいけない。もしNOを無視して強行したら、それは許されない性加害であるということをしっかりと理解してもらえるのではないかと思います。

また**子どもたちを被害者にしないために何ができるか**ということに関しては、とにかく加害者を生まないための教育に努める、というのが答えになるかと思います。当然ですが、加害をする人がいなければ被害者は生まれないからです。しかし悲しいことに、この社会にはまだまだ性加害をする人がたくさんいます。その世の中で生きる子どもたちに伝えたいのは、**どんなことが性被害といえるのか**ということ。そして**もし被害に遭ったらどうしたらいいのか**ということです。先ほども述べたように、私たちには自分の体に関することを自分で決める権利があります。その意思を無視して、性に関する人権を侵害されるような行為をされたときには、それは性暴力といえます。

もし子どもたちから性被害に遭ったと打ち明けられたら、一番に伝えたいのは**「あなたは何も悪くない」**ということです。何度でも書きますが、性被害は加害者がいなければ起こりません。服装がどうだとか時間帯がどうだとか、被害者の振る舞いにも落ち度があったような言葉をかけることはセカンドレイプという二次加害になりますので、控えましょう。被害に遭った人が、それを誰かに相談するのは、簡単なことではありません。それは「自分にも非があったのではないか」「相談したら自分が責められるんじゃないか」と不安を感じさせるような風潮があることも大きな要因です。そうした不安を乗り越えて相談してくれたときには、どうか「話してくれてありがとう」という心持ちで接してほしいと思います。

もし被害に遭ったらどうしたらいいのか、どういう対処法があるのかを伝えておくことも大切です。たとえば『性犯罪・性暴力被害者のためのワンストップ支援センター』は被害直後からの総合的な支援を、可能な限り1カ所で集約して受けられるようにした施設で、全国各地に設置されています。#8891(はやくワンストップ)という共通番号に電話をかけることで最寄りのセンターに連絡でき、プライバシーを守りながら対応を相談することができます。そのほかにも学校のある地域で受けられる支援について調べ、子どもたちに提供できるとよいでしょう。

POINT

● 加害をしないための教育として「人権」の知識を伝えることが大切

● 性被害は加害者がいなければ起こらない

Q13

性教育に関する書籍を、どのような基準で選書したらよいのか悩んでいます。どんな本が「良い本」と言えるのかなど、選書の基準を教えていただきたいです。

いま、書店ではたくさんの性教育本を見かけると思います。その中で信頼できる本を選ぶための指標のひとつは**科学的根拠に基づいたことが書いてあるかどうか**、ではないかと思います。たとえば「国際セクシュアリティ教育ガイダンスに準拠している」と明記されているなども、ひとつの基準になるでしょう。

また書籍の内容が、著者の主観的な思いを押しつけるような内容であるときには、取り扱いに注意が必要だと感じます。具体的な根拠や客観的な事実がなく、「〜すべき」「〜はするな」などと極端に読者の行動を誘導・制限するような内容に対しては、それを鵜呑みにせず、あくまでひとつの選択肢として読み進めるような姿勢が求められるでしょう。

性教育に取り組んでいる専門家の中でも、伝える内容のスタンスはさまざまだと思います。中には「子どもたちにはこういう行動をとってほしい」という明確な思いを持っていたり、実際にそれを子どもたちに要求する人もいます。それもひとつの価値観とは思いつつ、私自身はやっぱり子どもたちのことを決めるのは、子どもたち自身であるべきだと考えています。性教育は、子どもたちが自分の人生を主体的に選んでいくために、必要な情報を渡すためのものだと思うからです。

POINT

- 科学的な根拠に基づいて記してあるかをチェックする
- 著者の主観的な思いを押しつけるような内容は要注意

＊　＊　＊

ここまで皆さんからいただいた質問にお答えしてきました。章の最後にお伝えしたいのは、先生と生徒と言えど**大人も子どもも対等な人間同士である**ということです。

大人はどうしても、子どもに対して〝間違えたことを言ってはいけない〟、〝正しいほうに導いてあげなきゃいけない〟と身構えてしまうものです。しかし、誰にとっても100％正しい答えなどないのではないかと思います。ある子にとっては参考になった意見も、別の子にとってはしっくりこないことだってあるでしょう。だからこそ〝常に正しくあろう〟と身構えず、対等な人と人として素直に関わっていけるとよいのではないかと感じます。

何か子どもたちから聞かれて、わからないことがあれば「わからない」と答えてもいい。正解を教えてあげなくては、導いてあげなくてはと焦らず、「わからないから一緒に調べよう」「どうしたらいいか一緒に考えよう」という心構えでよいのではないでしょうか。そして、最後に決めるのは子ども自身なのだということを、忘れずにいられたらと思います。

3章

「性教育」が根付く社会をつくるには

第2章では、性教育を実践していく際の考え方や具体的な対応方法についてお話をしてきました。ここからは少し視野を広げて、子どもたちを取り巻く環境に目を向けていきたいと思います。前章に続き、本章でも先生たちからいただいた質問にお答えする形で進めていきます。

ここで皆さんと一緒に考えていきたいのは、大きく3つの視点についてです。〝学校の中〟〝学校と家庭との関係〟、そして〝社会全体〟。それらの環境の中で、性教育が根付いた社会をつくっていくために大人はどのような取り組みをしていけるのか。私なりに考え、お伝えしていけたらと思います。たとえば、「教育現場のあり方」に対する私の考えや、「子どもたちを尊重した対話の仕方」といった具体的な内容も含めてお話ししていきます。本章を通じて、さらに人権や性教育への理解を深めていただけたら幸いです。

THEME 1

学校でできること

教員の中には、
性教育は不要だと
言う人もいます。
どうしたら
そういった人たちにも、
性教育の必要性が
伝わると思いますか？

大人同士で対話ができる土壌づくりを

日々たくさんの先生方とお話しする中で、「自分は性教育を進めたいと思っているが、ほかの先生の理解が得られない」という悩みを耳にすることは少なくありません。たとえば養護教諭の先生やクラス担任の先生が「性教育に取り組みたい」と意見をしても、上の立場の先生になかなか必要性を理解してもらえず、歯止めをかけられてしまう、といったものです。

この本を手に取ってくださっている皆さんは、すでに性教育に対して一定のご関心をお持ちだと思います。一方、現場で「性教育が必要だ」と考えている先生が少数派であるという学校は、まだまだ多いように感じます。性というものをタブー視してきた社会から、子どもたちに必要な性の情報を伝えようとする社会への過渡期にある現在、先生方の間でもさまざまな価値観をお持ちの方がおられるのは自然なことでしょう。そうしてあらゆる思いを持つ大人たちが集まっている学校現場において、まず重要なのは**大人同士で対話のできる土壌が育っているか**であると思います。

これまでにも**性教育の基本は人権教育である**と、繰り返しお伝えしてきました。その性教育を実践しようとする先生方には、ぜひご自身の権利も大切に尊重してほしいと考えています。学校教育の中で「これはおかしい」と思うこと、「もっとこうしたい」と思うこと。そうした思いにふたをせず、先生同士が対等な立場で議論できる場をつくっていくこと。性教育を不要とする先生がいたならば、なぜ不要だと考えるのか？これからの教育のあり方は、どんなものであるべきだと考えているのか？**さまざまな立場からの意見を交換し合いながら、お互いに理解し折り合いをつけて、最善と思われるその学校での教育の形を探っていくことこそ、学校性教育の第一歩と言えるのかもしれません。**

もちろん、弱い立場の先生から上の立場の先生に対話を持ちかけるのは、難しい場合が多いでしょう。もしこの本を読んでくださっている方の中に「自分は上の立場の側だな」という方がいらしたら、どうか職員室にいるすべての先生が安心感を持って自分の意見を表明できる土壌づくりに取り組んでいただけたらと願います。定例会議の場で、「思っていることをなんでも話していい」と約束する時間を設けるなどの方法も、よいかもしれませんね。

「寝た子を起こす」という誤解

性教育に否定的な考えをお持ちの方から、「あまり早くに性の情報を与えることで、子どもが性に目覚めてしまったらどうするのか」という質問をいただくことがあります。「好奇心をあおられて、危険な行動を取るようになってしまうんじゃないか」と感じる方もおられるようです。この「寝た子を起こすな」というご意見は、日本の性教育においてかなり昔から根強く存在すると聞きますが、これは〝誤解〟であることがわかっています。

先述した、『国際セクシュアリティ教育ガイダンス』に沿った授業を受けた子どもたちにどんな変化が表れるのかを検証した調査では、初めて性行為をする年齢が遅れている、避妊グッズを使用する人数が増えている、性的な関係を持つパートナーの数が減っている……などのように、**行動がより慎重になることが明らかになっています。**
（参照：ユネスコ編、浅井 春夫・良 香織・田代 美江子・福田 和子・渡辺 大輔訳『国際セクシュアリティ教育ガイダンス【改訂版】―科学的根拠に基づいたアプローチ』明石書店、2020、155-162ページ）

こうした調査結果を知っていただくことで、性教育に対する漠然とした不安感を拭うこともできるかもしれません。一方でエビデンスのある情報が存在していたとしても、「どうしても抵抗感がある」と感じられる方も、もちろんいるでしょう。大人世代の私たちには、性の話はタブーだとして扱われてきた経験が多々あります。そうした中で、子どもたちに性の情報を伝えることに抵抗感を覚えるのは、まったく不思議なことではありません。

ならばまず、教職員向けに性教育の研修に行ってみる、というのもおすすめの方法です。必要があれば外部講師を招くなどして、先生方が生徒の気持ちで性教育を受けてみる。その中で、性教育というのはいやらしいものではなく、子どもたちの体と心を守るために役立つものだと知っていただけたら、安心感が生まれることもあるでしょう。

まずは子どもの声を聞く

また、学校での性教育を実践していく上で、学校全体に「子どもたちの声に耳を傾けよう」という風土を根付かせることは欠かせないと感じます。いくら性教育の授業の中で「自分のことは自分で決めていいんだ」というメッセージを届けていても、生徒たちの声を先生が受け取れない関係性になっていれば、そのメッセージは大きく矛盾するものになってしまうからです。

だからこそ、性教育の授業に取り組むことに理解を得ようとする前に、**もっと生徒の声を聞きませんか？と問いかけるステップが必要かもしれません。**

学校という環境の中で、子どもたちの声に耳を傾けるとはどういうことか、いくつか具体例を考えてみました。

●校則に違反する生徒がいたとき

ツーブロック禁止という校則に対して、違反する生徒がいたとき。単に「校則で決まっているのだから守りなさい」と指導するのではなく、そもそもその校則が定められた背景に合理的な理由があるのかを立ち止まって考える。

また子どもたちにも校則に対する意見を聞き、改善すべきだと声が上がるものは定期的に見直して修正をしていく。

●修学旅行はどこに行きたい？

修学旅行の行き先を決めるときに、先生の「こんな経験をしてほしい」という思いだけでなく、生徒の「ここに行きたい」「こんなことがしたい」という意見も踏まえて検討するようにする。

たとえば予算の範囲で行ける候補地を先生がいくつか挙げ、生徒たちの中で最終的な行き先を決定してもらう。

●遠足のグループ分けをどうやって決めたい？

先生が「くじ引きで5人1組の班を決めましょう」と決めるのではなく、「5～6人程度のグループが6つくらいあればいいと思うのだけど、そのグループはどうやって決めたい？」と生徒たちに問いかけて、グループ分けの方法から生徒自身で決めてもらう。

もちろんこうして一つひとつの物事に子どもたちの声を反映しようとすれば、時間も手間もたくさんかかります。いきなりすべての物事に対して、こうした考え方を取り入れることは難しいだろうとも思います。しかし少しずつ、できるタイミングからでもこうした姿勢を心がけていけたなら、自然と〝子どもたち主体〟の風土が醸成されていくのではないでしょうか。そしてその風土は〝性教育を取り入れる〟ことに関しても、深く影響してくるはずです。

子どもたち主体の教育を目指す中では、当然、子どもたちの意見に対して「それは許容できません」と言わねばならないときもあるでしょう。そのときは、ただ「NO」と突き返すのではなく、なぜ許容できないのかをきちんと説明し、お互いに納得できるまで対話することが大切です。**大人と子どもの関係性を〝管理、支配する関係〟にせず、〝対等に尊重し合う関係〟にすることで信頼関係が生まれます。**

また、こうした意見交換を繰り返すことは、子どもたちが社会に出てからも自分の意見を言いやすくなる、大事な練習の場になるはずです。学校生活の場で自分のした発言がきちんと聞いてもらえ、尊重されるという経験は、子どもたちにとって**〝自分の意見には価値がある〟**と感じられる経験でもあります。

この社会には、〝はっきり意見を言う人＝面倒くさい人〟と決めつけるような偏見もあります。そうしたメッセージを受け取り続けることで、何か言いたいことがあってもぐっと我慢する癖がついている大人も少なくないでしょう。

だからこそ学校という安全な場所では、子どもたちの意見や思いを聞き、「あなたの意見には価値があるよ、大切な思いだよ」と伝え続けたいところです。それが、これから社会を生きていくための、お守りのような力になるはずです。

「授業」以外のアプローチ

〝子どもの声を聞く〟以外にも、学校生活のさまざまな場面で性教育的なアプローチが可能です。もし〝性教育の授業時間を確保する〟ことが難しかったとしても、イコール〝性教育ができない〟わけではありません。

たとえば担任としてクラスを受け持っている先生であれば、子どもたちとの雑談の中で投げかけられる性に関連するような質問に、対等な目線で答えてみる。保健室の先生ならば、保健だよりに性教育の話題を少し織り交ぜてみる、といったように日常から始められるアプローチはたくさんあります。**ご自身の裁量でできるアプローチを考えてみる**ことも、大切な一歩です。

「そういったアクションを起こすのも自分には難しそうだな」と思ったら、まずは

同じ学校の先生たちの中で、性教育の話ができそうな仲間を探してみるのはいかがでしょうか。「あの先生は理解してくれるかも」と思える方がいたら、思いを尋ねてみたり、普段から仲の良い先生がいれば、何げない会話の中で性教育についての話題を振ってみてもいいかもしれません。お互いの意見を尊重し合える仲間が見つかれば、行動に移すハードルが下がることもあるでしょう。

「ノン・ジャッジメンタル」な姿勢で

物事の善悪や正誤をジャッジせずにありのまま受け取る姿勢を表す、**ノン・ジャッジメンタル**という言葉があります。自分の価値観をもとに〝良い・悪い〟を決めつけずに、相手の価値観や思いを尊重するノン・ジャッジメンタルな姿勢を身に付けることは、**子どもたちにとって安心して頼れる大人でいるために**とても重要なことです。

私が精神科の児童思春期病棟に勤務していたとき、子どもたちから「死にたい」と訴えかけられることが多々ありました。そうしたときに、たとえば「そんなこと言ってはいけない」「そんなふうに言われたら悲しくなるよ」など、相手の感情を〝よくないもの〟とジャッジし、否定するような声かけはできるだけ避けていました。それは相手の口をふさいでしまうような言葉だと感じているからです。

「死にたい」という言葉の背景には、〝もう生きていたくないと思わされるほどのしんどさ〟がある場合が多いです。だからこそ「死にたい」という言葉が聞かれたときには、その言葉自体をジャッジするのではなく「そう思っているんだね」と受け止め、「どうしてそう思うようになったの？」と理解しようとする姿勢が重要なのではないかと考えています。

人の感情の中に、絶対に思ってはいけないことなどありません。「死にたい」と言われた側の大人が自分の価値観として「そんなふうに思ってはいけないのに」とか「悲しい」と感じることは自由です。しかしその思いを子どもたちに押しつけ、子どもたちの言動を〝良い・悪い〟とジャッジする権利は誰にもありません。ノン・ジャッジメンタルな姿勢で接することは、子どもが**自分は尊重されるべき存在なんだ**と感じられる後押しになると思います。

「子どもを大切にする」のは大人から

大人はよく子どもに「自分のことを大事にしてね」と言います。それはもちろん大切なメッセージですが、そう言われて自分を大事にできるのは、すでに他者から大事にされたことのある子だろうとも感じます。**人から大事にされた経験がなければ、自分で自分を大事にするという感覚もわからない**と思うからです。

特に保護者など、身近な大人から十分に関心を向けられずに育った子どもが「自分のことを大事にしよう」と自ら行動するのは、とても難しいことです。

もし身近に「もっと自分のことを大事にしてほしい」と感じるようなお子さんがいるときは、**まずその子の近くにいる大人が、その子を思い切り大事にしてほしい**と思います。ノン・ジャッジメンタルな姿勢で子どもの気持ちに寄り添い、自分の人生のことを、その子自身で決めていけるようにサポートする。そうした関わりを積み重ねる中で、「大事にするって、こういうことなんだ」「自分の意見には価値があるんだ」「湧いてくる気持ちを無視しなくていいんだ」ということが少しずつ伝わっていくのではないかと感じます。そのステップを経てやっと、自分を大事にするということが可能になるのではないでしょうか。

たとえば中高生の少女が、SNSで知り合った人の家に泊まりに行き性被害に遭った、という話を聞いたら、皆さんはどう感じられるでしょうか？「知らない人の家に行くなんて信じられない」「危ない目に遭うってわからないのかな」「どうしてもっと自分を大切にしないんだろう」と思われるかもしれません。しかしそうした出来事の背景に目を向けると、自宅が安心できるような環境でなかったり、親から虐待を受けていたりと、そもそもその子を大事にできる大人がそばにいないというケースは少なくありません。

誰も大事にしなかった自分を、〝自分で大事にする〟というのは簡単なことではありません。だからこそ、「自分のことを大事にしてほしい」と感じる子たち対して、まずは周囲の大人たちが全力で大事にしなくてはならないと感じています。

THEME1の質問に戻ると、やはり大人たち、先生たち自身が、お互いを尊重し合った対話が可能な土壌を育てることが、最初のステップになると感じます。それに並行して、日常からできる授業以外のアプローチにも地道に取り組んだり、日頃からノン・ジャッジメンタルな姿勢で、子どもたちを尊重する態度を貫いていくこと。そうした取り組みを続けていく中で、きっと共感してくれる先生も現れるのではないかと感じます。

子どもを大切にするのは、大人から。未来ある子どもたちに、まずは「あなたたちはみな尊重されるべき存在なんだ」ということを、一緒に伝え続けていけたらと思います。

THEME 2

家庭でできること

各家庭の教育方針が異なる中で、学校がどこまで踏み込んだ話をしてよいのかがわかりません。どのように家庭と連携して、性教育を進めていけばよいのでしょうか？

家庭と学校の役割分担を話し合うことから

家庭との連携については、**丁寧な情報共有**と**役割分担の話し合い**が重要なのではないかと考えています。学校でできること、家庭でできること、それぞれを明確にし、子どもを取り巻く大人たちがひとつのチームとなって性教育に取り組んでいくことで、一貫したサポートができると思うからです。

たとえば学校で性教育講演会を開催しようと思っているときには、「今度こういう講演会をします」「企画した背景にはこんな意図があって、具体的にはこんな内容をお伝えする予定です」といったように、丁寧に情報共有をすることで学校側の意図を理解してもらえるかもしれません。さらに「もしご家庭の方針等で、子どもに出席してほしくないなどのご要望があればご相談ください」などと付け加えることで、各家庭との必要な連携にもつなげていけるかもしれません。

〝性教育の講演会をＰＴＡが主催する〟といったケースもあります。保護者組織が活発な学校であれば、そういった保護者が集まる機会に先生が参加させてもらうというのもおすすめの方法です。コミュニケーションの機会を活用して、学校側から「性教育に対して保護者の皆さんはどう考えているか」「学校でどういうことを教えてくれたら助かると思うか」などの意見を聞いたり、「家庭ではどんなことを伝えているか」「家庭でどのようなサポートができるか」といった役割分担の調整ができたら、双方にとって安心感のある関係性を築くことができるのではないでしょうか。

「子ども主体」のスタンスを共有する

保護者会など親御さんと話せる機会で、学校がどういうスタンスで生徒たちと関わっているかを表明しておく、というのも家庭との連携においては大切なことだと感じます。学校側、保護者側のスタンスが大きくかけ離れているときには、すり合わせをしていく必要があるからです。

〝子どもの声を聞く〟というのは、学校においても家庭においても大切な心がけです。子どもの意見を尊重するというスタンスを、性教育に関しても、そして学校全体の運営に関しても重要視しているのだとあらかじめ共有しておくことが大切です。それがひとつの指針となって、家庭との連携を手助けするかもしれません。

たとえば家庭の方針によって、「性教育の授業に出席させたくない」という希望があった場合。「保護者と先生との間で結論を出すのではなく、**生徒自身がどうしたいか聞いてみませんか**」と提案をすることもできます。もしくは先生のほうから「今度こういった内容の授業を行う予定で、親御さんは出席してほしくないと思っているそうなのだけど、あなた自身はどうしたい？」と尋ねる許可を得ることもできるかもしれません。

多様な家族背景があることを想像して

「性教育における家庭との連携」をめぐってひとつ忘れてはならないのは、**世の中には実に多様な家族背景がある**、ということです。

性教育の授業の一環として「自分が生まれたときの話を聞いてこよう」「名前の由来を調べよう」「親に感謝の手紙を書こう」といった課題が出されることがあります。そうした取り組みは自分の命の尊さを感じたり、親から与えられた愛情を知る良い機会になることもありますが、すべての子どもにとってポジティブな経験になるとは限りません。たとえば生まれてすぐ養子に出ていたり、児童養護施設で暮らしていたり、とても感謝なんてできない親子関係であったり。さまざまな背景を持ちながら暮らしている子どもたちにとって、これらの課題は「自分はほかの子とは違う」と実感させられる、つらい経験になる可能性があります。

だからこそ性教育の時間には**命の尊さ**や**あなたに与えられた愛情**といった道徳的な観点よりも、**あなたの体はあなたのもの**という人権の観点で伝えていくことが重要だと考えています。

THEME 3

社会でできること

日常的に性教育を進められる、性について気軽に話せる土壌をつくるために、大人は何をすべきなのでしょうか？

大人こそ性教育の学び直しを

性の話が気軽にできる土壌をつくっていく上で欠かせないと思うのは、**大人が性教育を学び直す機会をつくる**ということです。これを読んでくださっている皆さん、そして私自身も、思春期に性教育を十分に受けてきた世代ではないと思います。その中でいきなり自分が教える側に立つというのは、なかなか難しいことでしょう。だからこそ、まずは大人自身が学ぶ立場で性教育にたくさん触れていただくことが、とても大切です。

また性教育に触れ、たくさんの知識を身に付けるごとに、自分自身がエンパワーされるということもあるでしょう。私自身も性教育を学ぶ中で自分の持つ権利について知り、自分の意見には価値があるということ、嫌なら嫌だと言っていいことを知りました。まずは**大人自身が、そうした自分の権利や尊厳を尊重できる姿勢を身に付ける**ことで、それを自然と子どもたちにも実践できるようになるのではないかと思います。

私たち大人の中には、空気を読んで合わせることや意見を飲み込んで我慢することが、大人になることだという感覚が無意識にあるかもしれません。自分自身がたくさんの我慢を経験してきた方の中には、「子どもたちも、もっと我慢強くあるべきだ」という価値観を持っている方もいるでしょう。しかし忍耐強さを身に付けることと、人権を軽んじることはまったくの別物です。きっと私たち大人も、もっともっと尊重されるべきタイミングが過去にたくさんあったのだろうと感じます。

社会のみんなで「子育て」を

いまの社会では、性教育を行う責任は〝学校〟か〝家庭〟にあるというイメージが浸透しているように思います。しかしこれまでにもお話ししてきたように、性に関する知識は授業のようなシチュエーションだけで伝えられていくものでなく、日常会話を始め、暮らしのさまざまなシーンを通じて自然に伝わっていくことも多くあります。

そう考えると、子どもたちの性教育については、**この社会で子どもと接するすべての**

大人にとって関係のある問題だとも感じます。

たとえば学校帰りに行く学童の先生、習い事のコーチ、塾の講師などは、子どもたちにとっても身近な存在であるがゆえに、性に関する話題を気軽に投げかけられたり、もしくは性についての悩みを相談されたりすることもあるでしょう。そういった子どもに関わる仕事に就いていなくても、街中で子どもが性被害に遭っている現場に出くわすこともあるかもしれません。

そう考えると、この社会に生きるすべての大人が性についての正しい知識を持ち、子どもたちをサポートできる姿勢を身に付けることが、子どもたちを守ることにつながるのではないかと思うのです。

私は、2024年5月に産後ケア事業に取り組む『NPO法人コハグ』を立ち上げました。そのビジョンは、**みんなで子どもをはぐくむ社会へ**。ここには、**子どもを直接養育する親に限らず、大人たちみんなで〝子育て〟に取り組む社会にしていきたい**、という思いを込めています。

2022年に厚生労働省がまとめた『国民生活基礎調査』では、児童（18歳未満）がいる世帯が「全世帯に対して18・3％」と、初めて20％を下回りました。子育て世帯はいま、どんどんとマイノリティになっています。ただでさえ肩身の狭い思いをすることの多い親御さんたちをせめて社会全体で支えていけるように、自らが子育て当事者でない方にも自分なりのやり方で〝子育て〟に関わっていただける世の中にできたらと思っています。

＊　＊　＊

自分の性とは、誰もが一生付き合っていくものです。だからこそ、性についての学びの重要性が、近年強く訴えられるようになってきました。しかしこれまで十分な性教育を受けてこなかった世代である先生方が、それを伝える側になろうと思ったとき、不安や疑問がたくさん出てくるのはごく当然のことだと思います。その中で何か変化を起こそうとこの本を手に取っていただいたことに、改めて感謝いたします。

この本をきっかけに、まずは先生自身が自分の持つ権利について知り、それを尊重するということを意識して生活してみていただけたらと思います。自分の中に湧き起こる気持ちを自ら〝良い・悪い〟とジャッジしない、ノン・ジャッジメンタルの姿勢を自分に向けてあげることも、大切なことです。そしてその意識を、ぜひ子どもたちにも向けてみてほしいと思います。

これまで性教育に関する発信活動、産婦人科や精神科 児童思春期病棟での勤務経験などを通じて、性のことや人権のこと、目の前の人を尊重した関わりについて深く考えてきました。そうして気付いたことは、子どもを子ども扱いして〝良い・悪い〟を大人が勝手に判断せずに、同じ人として対等に接することの大切さでした。

大人が誠実に伝え続ければ、子どもたちにはそれを受け取って、自分の人生に活かしていく力がある。そのことを信じて、向き合っていければと思っています。

この本が皆さんのこれからに少しでも役立つことを、心から願います。

第4章

シオリーヌ［助産師YouTuber］×北山ひとみ［和光小学校・和光幼稚園前校園長］

「学校性教育のこれから」

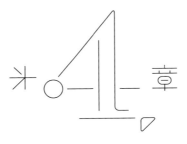

私が性教育について発信するようになったのは2017年のことですが、日本ではそのもっともっと前から、性教育について真摯に向かってこられた大先輩が数多くいらっしゃいます。

そのひとりが、東京都世田谷区にある私立和光小学校及び和光幼稚園前校園長の、北山ひと美先生です。北山先生は1980年代から、小学生への性教育の必要性を訴え、推進してこられました。同時に北山先生は、「一般社団法人〝人間と性〟教育研究協議会（性教協）」代表幹事、「性教協 乳幼児の性と性教育サークル」代表でもあり、現在もさまざまな場所でその思いを伝え続けています。

北山先生と私は「性教育の実践家」としては同じ立場ですが、そのルーツは「教師」と「助産師」とで異なるものです。第4章では性教育の大先輩、北山先生をお招きして、学校性教育のこれからについてお話をさせていただきます。

○なぜ性教育を進めたか

シオリーヌ　私は助産師の免許を取り、大学卒業後は総合病院の産婦人科に勤務しました。入職して3年目の頃に「助産師の仕事の中でも自分が特に力を入れたいのは、どの領域だろう？」と、自分の専門性について考えるようになったんです。ちょうどその頃、性教育の必要性を実感する出来事が重なったことや、もともと教育の分野に関心があったこともあり、いまのような活動を始めるに至りました。北山先生は、どのようなきっかけで性教育に携わられるようになったのでしょうか？

北山ひと美先生（以下、**北山**）　私は大学卒業後すぐに、和光学園に就職しました。就職してから最初の3年間は、幼稚園の教員をしていたんです。赴任した当時から「性教育」という言葉はありましたが、子どもたちに教えようと考えたのは、もう少しあとのこと。和光小学校の教員に異動となり、そのカリキュラムの中で触れたのが最初でした。和光小学校ではもともと2年生で「たんじょう」の学習、5年生で「思春期の成長」を教えるカリキュラムがあったのです。

シオリーヌ　当時からすでに性教育のカリキュラムがあったのですね。その後、先生が性教育の必要性を追求していくに至った背景には、どんな理由があったのでしょうか？

北山　和光高校の元教員である、村瀬幸浩先生の存在が大きかったと思います。村瀬先生は、1982年に一般社団法人〝人間と性〟教育研究協議会（性教協）を立ち上げたメンバーのひとりです。いまは私も性教協の代表幹事をしていますが、村瀬先生が身近にいたからこそ、直接いろいろなことを教えていただけました。先生の話を聞けば聞くほど、「性教育」がいかに人の人生を豊かにするのか、目からうろこの連続で。自然に「自分も学びたい」という意欲が湧いたのです。

その後、2000年代初頭の頃には一時的に性教育ブームが起き、研究会の会場であったパシフィコ横浜の大ホールが満員になるほど注目された時期もあります。そこでは、公立学校に勤める地方教員の実践レポートを読んだり、見せてもらったりして、私自身も「これは自分の授業でもやってみたい！」と、学びとして持ち帰ったものが多くあります。その学びを子どもたちにも教えようと思ったのが、性教育に本格的に取り組むきっかけだったかもしれません。

シオリーヌ　当時の学びの中で、印象的だった気づきはありますか？

北山　もともとは、私自身、「性は多様である」という考えや知識自体を持っていなかったんです。その視点そのものが、自分にとってはまったく新しい価値観でした。最初の衝撃は、〝心の性〟と〝体の性〟があるということ。教員である自分でも、そのような当たり前のことすら知らなかったのか、と驚きました。

シオリーヌ　私が産婦人科で働いているときも、性教育の不十分さを実感することはたくさんありました。不妊治療を経験した患者さんの中に、「『妊娠には〝タイムリミット〟がある』とあらかじめ知っていたら、20代の自分の振る舞いや行動が変わったと思う」とおっしゃる方がいたり。病棟では産後の女性たちが退院される際に、将来的な家族計画についてお話をする場面があったのですが、そこでもすでに妊娠出産を経験されている方が、「ちゃんと避妊の方法を習ったのは初めてです」と驚かれることもありました。

北山　なんと、出産の現場でも、性教育の遅れを感じられるのですね。

シオリーヌ　はい。そうした経験をする中で、性教育について「産婦人科に来てくれてから伝えるのでは遅すぎる」と思っていたんです。実際に妊娠・出産を考え始めたり経験したりする年齢よりも前に、自分の体の仕組みや、与えられている選択肢をよく理解した上で、後悔しない選択をしてほしい。そうした思いが活動を続ける原動力になっています。

○性教育をめぐる時代の変化

シオリーヌ　私が「性教育」についての活動を始めてから、まだ10年も経っていません。40年以上現場を見てこられた北山先生からすると、性教育ブームからの性教育への反動（バックラッシュ）**【註1】**も経て、いまの「性教育」の状況をどう捉えていらっしゃいますか？

北山　ひとつは、文部科学省が２０２３年度から実施している「生命（いのち）の安全教育」の存在について。これは性暴力防止の観点でつくられていますが、私たちが目指している包括的性教育とは違うと感じています。それでも子どもたちが「自分の体を守る」という意識を持つことにつながる内容にはなっています。授業としてはまだ取り組めていない学校があったり、教員の研修も十分でなかったりしますが、国が性暴力防止の必要性を「教育の方針」として打ち出したのは大きかったと思います。

文科省が性暴力を防止するという取り組みの旗振り役になったことで、先生たちもその推進に向けて何をすべきなのか調べていきます。その過程の中で、性教協が打ち出している包括的性教育の必要性に気が付いて

【註1】性教育への反動（バックラッシュ）

これまで、1996年5月から（第一期）、2001年10月から（第二期）と、2度にわたって「ジェンダーバックラッシュ」が起きた。第一期ではジェンダー政策や慰安婦問題に関連したフェミニズム運動に対するバックラッシュ、そしてその流れを引き継ぎながら起きたのが、性教育や夫婦別姓批判に始まるジェンダーフリーに対する第二期バックラッシュだった。家庭科教科書における性の記述やピル批判、また「性教協」もバッシングの対象となった。

くれる方や、研究会に足を運んでくれる方がいました。性教協自体の会員も、増えたり減ったりを繰り返してきましたが、近年では微増傾向にあります。

シオリーヌ　なるほど、性教協の会員数でも世の中の流れがわかるのですね。いまは盛り返してきている段階である、と。

北山　そうですね。でも一番多かった頃は、１０００名以上の会員がいました。一時期は５００名以下まで減ったのですが、いまは９００名近くにまで回復しています。時代が変わってマスメディアも「性の多様性」についてよく発信するようになって、教育現場だけでなく、社会的にもその意識が変わってきているのかなと思います。

シオリーヌ　いま、タレントさんがＳＮＳやニュース番組などで性教育の話をしているという状況も珍しくないですもんね。昔から考えるとすごく大きな、画期的な状況にあるのではないかと思うのですが、いかがでしょうか？

北山　ええ、私の時代はインターネットも普及する前でしたので、SNSはもちろんありません。また、新聞やテレビなどメディアでの発信も、当時はほとんどなかったように思います。子どもたちへの性暴力は昔からあったのですが、子どもが訴えたことを聞いてもらえなかったり信じてもらえなかったり、たいしたことではないと片付けられてしまったりしていました。近年ようやく性暴力を許してはいけないということが認識されるようになり、メディアでも取り上げられるようになったと感じています。SNSで声が広がるということも大きいですね。

シオリーヌ　民間、市民の力が強まってきているという感触もあります。やはりSNSの存在は大きいですよね。

そもそも、インターネットの普及以前では、「性の悩み」というものは公に言いづらいことだったと思うんです。それが、ネットが普及してみんながSNSのアカウントを持つようになったことで、匿名でならば言える、という環境が生まれた。市民の声が、ようやく可視化されたのかもしれないと思います。

また、雑誌やテレビなどマスメディアの場合、編集長やプロデューサーがチェックしてOKをもらわないと世に出せないものですが、個人のSNSは自分でつくって、発信まで完結できる媒体ですから、誰かに止められることもありません。私も日々YouTubeで動画を出していますが、ほかのチャンネルでも性教育のコンテンツがどんどん増えているように感じますし、そうしたトレンドを見てきっとマスメディアのほうにも「『性教育』の本をつくろう」「特集をしよう」などという流れが生まれてきたのかなと思います。

北山　環境の変化については、おっしゃる通りだと思います。包括的性教育については、私たちも、学習指導要領のいわゆる「はどめ規定」をなくしてほしいという運動を続けています。

シオリーヌ　〝市民のパワー〟で広がっていることは、純粋に嬉しいですよね。ときどき、包括的性教育というワード自体がSNSでトレンドに入って議論が生まれることもありますが、そうして盛り上がってきたところを一時のブームで終わらせずに、さらに広げていきたいなと思います。

○当事者と会うことで深まる理解

シオリーヌ　私はもともと教育に興味があるだけでなく、実際に学校の先生を志望していた時期もありました。そうした背景もあって、いま持っている助産師の専門性と課題意識を掛け合わせて、「包括的性教育」に携わりたいと考えたんです。先生の教員時代には、「包括的性教育」という言葉はあったのでしょうか？

北山　いえ、まだなかったです。ユネスコなどがつくった『国際セクシュアリティ教育ガイダンス』もなかった時代でした。だからこそ現場は、トライアンドエラーの連続。すべての学年で「これはできるよね」「あれはできるかな？」と、養護教諭と一緒に考えて。自分が担任した子どもたちに、少しずつ「これをちょっとやってみよう」と進めていくうちに、実際、子どもが変わっていく流れを感じたのは大きかったです。子どもが変わっていくことを目の当たりにしたら、もっと授業実践を進めたい、という気持ちも強くなりました。

シオリーヌ　なるほど、初めは本当に手探りだったのですね。私自身も助産師の資格を持っているからといって、最初から十分に知識があったわけではありませんでした。
　自分の専門性として「性教育」をもっと学びたいと思ったとき、日本家族計画協会の「思春期保健相談士」の資格を取得することにしました。そこで協会の研修に参加すると、助産師になる課程でも習っていないことがたくさんあって驚きました。たとえば、若者の相談に乗るためのスキルなど。そこで「これはもっとよく学ばなければ」と思って、いろんな研修に参加したり本を読んだりして、ようやく自分の言葉で話せるようになったという経緯があります。

北山　シオリーヌさんは謙遜されますが、教員にとって、助産師さんの専門性はとても頼りになります。助産師さんのような知識を持った方に、学校現場に来ていただくのも大事だと思うんです。教員ではない、実際に専門的に仕事をしていらっしゃる方や自分自身がいろいろ体験された方に教えてもらうと、中身の伝わり方、子どもへの伝わり方は全然違うと思います。

私たちはよく、子どもたちに「人と出会うことは大事なことだよ」と話すのですが、その道のプロの方と出会って、その人から直接メッセージを受け取るというコミュニケーションは、子どもたちへの影響がすごく大きいと感じます。ですから、たとえばトランスジェンダーの方に話をしてもらうとしても、実際に子どもたちがその人と生で向き合って、「この人はこういう人なんだ」と感じながら話を聞くのが大事だと思っています。

シオリーヌ　和光小学校では、実際に助産師を呼ばれたこともありますか？

北山　ありますよ。そのときは、保護者の方々にも「ぜひ来てください」と呼びかけて、ご家族の方にも参加していただきました。やはり教員にはない助産師さんならではの視点があるので、子どもたちも「せっかく助産師さんに会えたならば、こんなことも聞いてみたい」と意欲が出たようです。とてもいい時間でした。

そもそも総合学習とは、子どもたちが問いを持つことをとても大事にしています。

だから2年生の「たんじょう」の学習でも、子どもたちが誕生の何を知りたいか、たくさん意見を出し合います。さらに保護者の皆さんにも一人ひとりの出産の経緯を聞くと、「逆子だった」「へその緒が巻き付いて」など、子どもにとって新しい情報が出てきます。

そして自分の誕生の経緯を追えば、どうしても性交や受精を抜きにしては、子どもたちの納得のいくように話すことはできません。だからいろいろな資料や絵を駆使しましたね。「こうやって生まれたんだ」「こうやって自分ができたんだ」とわかってきたときの子どもの顔は、とてもうれしそうなんです。「いやらしい」とか、「先生そんなことを教えるの？」などと嫌がる子はいませんでした。そうして私も確信を持つようになり、そのあとはカリキュラムをつくっていき、学校として授業実践ができるようになっていきました。

シオリーヌ　いつも一緒に過ごす先生だからできる性教育と、外部からやってきた人だからこそできる性教育、それぞれの強みがありますよね。先生たちは毎日子どもたちと一緒にいるからこそ、時間をかけて繰り返し説明することも可能だと思います。

クラスの子たちにどういう伝え方をしたら理解しやすいか、どんな話題を選んでどんな議論をしてもらうか。そういったことをクラスの子の性格や状況に合わせて考えられるのは、やはり先生たちです。専門的な知識を持つ助産師と、子どもたちのことをよくよくわかっている先生と、双方の力を合わせた性教育が実現すれば、より充実した伝え方ができるんだろうなと思います。

○先生も保護者も互いを尊重した対話を

シオリーヌ　北山先生の過去のインタビュー記事で、周りの先生や保護者からの反対を受けたというお話も拝見したのですが、そういった状況からどのように理解を広げていったのですか？

北山　日本では性教育が教育のカリキュラムとして位置付けられてこなかったので、大人たちはこれまでに生きてきた環境によって、性や性教育、ジェンダーに対してさまざまな感覚を持っています。ほかの教科と違うのは、まさに自分自身のこれまでの生き方が問われるということでしょう。だから私にも、「反対意見があることは当然だから、まずは対話をしよう」という考えがありました。また、和光学園はもともと、子どもの個性を大切にし、子どもが主人公である学校をつくりたい、と考えた保護者がつくった学校です。ですから、子どもを真ん中に、保護者と学校が力を合わせて教育づくりを進めています。

シオリーヌ　なるほど。保護者も先生も〝みんなが対等な立場で〟関わる学校なのですね。

北山　和光学園では、ＰＴＡを「親和会」と呼んでいます。学級親和会は、ほぼ月に一度開かれ、担任と保護者が子どもたちの学習や生活について話し合います。ときには学校や学級の教育方針に対して意見を交わすこともあり、授業の内容についても質問や意見が出ます。子どもたち同士の関係についても、実名を出しながら、ざっくばらんに話し合います。担任からこれから行われる授業について説明することもあります。特に性教育はデリケートな問題も含むので、学年の初めのカリキュラムの説明のときはもちろん、2年生の「たんじょう」の授業を始めるときなどには丁寧に説明をし、学習のねらいと進め方を理解してもらうようにしています。

保護者の皆さんの多くは教育の内容について理解を示してくださいますし、性教育についてはそれぞれのご家庭の状況も違うので、個別に話し合うこともあります。性教育を長年進めてきて、『性交・受精』については宗教上の理由から伝えたくない」とおっしゃった方が、おひとりだけいらっしゃいました。そのお子さんは授業を休むという選択をされましたが、ご家庭の選択でしたので尊重したいと思いました。

シオリーヌ　先生と保護者とでお互いの意見を尊重し合いながら授業の内容を考えていけるのは、本当に素敵な関係性ですね。性教育については先生や家庭によってもさまざまな価値観がある分、対話の時間はとても大切だと感じます。

特にトランスジェンダーについて扱う学習について、当初は反対の意見も多かったとうかがいましたが、どういった状況だったのでしょうか？

北山　トランスジェンダーについて、いまはぐっと理解も進んでいますが、当時は教師側でもさまざまな意見がありました。社会的にも「多様な性」という認識が広がってきたのは最近のことで、保育現場、学校現場を含む子どもたちを取り巻く環境が「男はこうだ」「女はこうだ」ということが日常的にメッセージとして伝えられていたのではないでしょうか。「女性だからこれをしてほしい」とか「ここは男が全部やります」などという仕事の仕方が普通だったんです。私としては「それ、男女で分けなくてもいいのに」と思

うこともありました。

そうした文化が根付いているから、トランスジェンダー、つまり生まれたときに割り当てられた性別と性自認が一致しない人がいるというのがまず理解できない——と抵抗を示す方がいたのです。それも、職員会議などで地道に話し合うしかありません。でも話し合うことができたのは、反対する人もそうでない人もすべて、議論に参加してくれる風土があったからだと言えます。

シオリーヌ　根気強く話し合い続けたことで、最終的に理解が得られたということなのですね。そうして性教育のカリキュラムが完成する頃には、多くの先生たちに納得いただけたのですか？

北山　納得してもらえたかどうかは、正直わかりません。でも幸い、性教育のカリキュラムが完成する2007年頃には「性同一性障害」**【註2】**という言葉も少しずつ世間に浸透し始めてきていました。そうすると、まずは子どもたちに授業を受けてもらい、保護者にも見ていただく↓それを学級通信で発信する↓学級通信を全教職員が見る、という流れが生まれます。その結果、この教育を子どもたちがどのように受け止めていて、実際にこういう価値・意味がありそうだという理解が、少しずつ浸透していったのではないかと思うのです。

シオリーヌ　なるほど。まずは大人の理解を得てから子どもへ、と思いがちですが、和光学園の場合は、北山先生のようなリーダーがいて、まずは子どもたちの反応を得て、その積み重ねで価値観の異なっていた大人たちにも徐々に性教育の必要性がわかってもらえた、ということなのですね。

すごく根気のいるプロセスで、率直に、北山先生おひとりで背負うのはしんどそうだな、と思ってしまうのですがいかがでしたか？

北山　そうですね、特に性教育のカリキュラムの作成は簡単ではありませんでした。和光小学校と和光鶴川小学校は約10年に一度教育課程の改訂を行っています。管理職などが中心になって提案する改訂案を職員会議で議論を積み重ね、つくっていきます。和光の両小学校は教育課程の中に総合学習を位置付けています。２００６年の改訂のときには学年別のテーマと共に、1年生から6年生までが取り組む領域別テーマを設けました。このとき位置づけられた2つの領域別テーマのうちのひとつが、「性と生の学習」つまり包括的性教育だったのです。当時の校長が、この頃の教育情勢などから全学年に性教育を位置付けることが大切だと方針を出したことが大きかったと思っています。

総合学習は、40年以上前から教科横断的で課題解決的な学習として位置付けています。総合学習に限らず、毎年研究テーマを決め、授業研究や実践検討などを重ね、年に一度、公開研究会で全国の先生方に授業を見ていただいたり実践報告を聞いていただいたりして研究活動を進めています。当時私が勤務していた和光鶴川小学校では、「性と生の学習」を3年間学校の研究テーマに据え、多くの方たちから意見をいただ

【註2】性同一性障害

世界保健機関（WHO）は2018年に公表した国際疾病分類の改訂版「ICD-11」（2022年発効）で、性同一性障害を「性別不合（Gender Incongruence）」と改めている。

きながらカリキュラムづくりを進めていきました。そうして2007年にできあがったのです。

シオリーヌ　授業研究というのは、どういうものなのですか?

北山　授業をどのようにつくっていくかを、教員たちが授業を観たあとに、議論するというものです。週に一度午後の会議の時間を使い、ひとつのクラスの授業を参観します。「研究授業」を担当する教員は、学年や教科の先生たちと授業案づくりをし、準備を進めます。授業を観たあとの検討会では、授業案の内容や、授業の中での教師の発問、子どもの発言などについて意見交換をします。子どもたちの普段の様子なども話題になり、子どもたちへの理解を深めていく時間にもなります。

シオリーヌ　かなり深いところまで会議されるのですね。北山先生はそれを3年間繰り返して、「これでいこう」と言えるような「性教育」のカリキュラムをつくっていかれたのでしょうか?

北山 ええ。もともと性教育を取り入れるのは当時の校長の意向でしたが、実際にカリキュラムを考えるとなると、実務の面で核になる人間も必要ですので。性教協に入っていた私と養護教諭の2人が中心となって進めていきました。1年生では何をやろうかという原案を書いて、それを職員会議に出して……と。私はもちろん、当時は学級担任をしており、国語や算数などの授業準備もしながらの作業です。ただ、当時の和光鶴川小学校の養護教諭は、残念ながら作業期間中に病気で亡くなられました。その過程でも、会員にはならなくても性教協の全国セミナーなどに参加してくれたり、会員になってレポート発表をしてくれる先生がいたり、性教育を一緒に進めようとしてくれる人が増えていったのはありがたいことでした。

シオリーヌ でも、そうして研究された3年間は、ちょうど先述したバックラッシュ、「性教育バッシング」のあった時期ですよね。

北山 そうです、特に2003年の七生養護学校事件【註3】は大きかったですよね。この事件は、ひとごととは思えませんでした。

ただ､悪いことばかりではありませんでした。あの報道をきっかけに「性教育って、いったい何をやっているの？」と関心を持つ人も増えたように感じたのです。それで教育現場で話題になり、「もしかしたら大事かも」「必要かも」と思う人も出てきた。結果、和光学園の管理職の間でも、「やはりカリキュラムに位置付けたほうがいい」という話になった経緯があります。

シオリーヌ　なるほど。図らずも七生養護学校の件は、ほかの先生たちが関心を持ちはじめるきっかけにもなったのですね。いったい七生養護学校の何が厳重注意処分になったのだろう、という素朴な疑問から、議論が活発になったということでしょうか。その上で、和光学園は「やっぱり、うちもやめておこう」とならずに、かえってカリキュラムをつくることは大事だという方向に舵を切られた。

北山　ええ、和光学園は人権を大切にするという大きな教育の柱を持っていますので、七生養護学校のような事件は見過ごすことができなかったのです。その上で、管理職が協力的であることは研究を進めるために重要でした。性教育の研究を進めていく上で、そこに柔軟な考えを持つ管理職がいるかどうかが、成功するかの大きな分岐点になるかと思います。

〇子どもの「知って嬉しい」という反応が支えに

シオリーヌ　先生同士の関係性もそうですが、大人と子どもが信頼関係をつくることの大切さについては、私も本書の中で繰り返しお伝えしてきました。先生はどのよう

【註3】七生養護学校事件

旧東京都立七生養護学校で、知的障害のある子どもに対し実施されていた性教育の授業内容が不適切だとされ、東京都教育委員会が当時の校長及び教職員に対し厳重注意処分を下した事件。そもそもは、知的障害のある子どもたちがリスクをわからぬまま意図しない妊娠等を経験しないよう、知的障害のある子どもたちにもわかりやすいように工夫した教材を教員たちが手づくりして授業を展開しており、その取り組みは先進的な事例として、全国の養護学校からも視察されていた。後に七生養護学校の教員は裁判を起こし、勝訴している。

に考えておられますか？

北山　とても大事だと思います。子どもたちって、幼児期から知りたいことにあふれています。その中には当然、体のことや、性に関わることもあります。子どもが「赤ちゃんはどうやってできるのだろう？」と思うのは、自分自身がどこからどうやって生まれたのか、という自分自身の存在についての問いであり、そのことに向き合う大人の姿勢が問われています。

大人は、それにきちんと答えていくことが大事なのかな、と。授業以前のところで、教育者として、子どもの知的な欲求に対して真摯に向き合って答えていく、という営みです。それが子どもたちの大人に対する信頼感や、人と信頼関係をつくるための基礎につながりますよね。

シオリーヌ　「子どもはそもそも性的な話だと思っていない」というのは、私もよく感じるところです。大人は子どもから「赤ちゃんってどうやって生まれてくるの？」などと聞かれるとドキッとしてしまうのですが、子どもにとっては「空はなぜ青い

の？」「この虫はなんという名前なの？」というのと同じで、自分が生きている世界の中にある疑問のひとつとして、「知らないことを知りたい」というだけ。大人が考えるように、性＝いやらしいこと・恥ずかしいことではなくて、子どもにとっては単純な興味関心にすぎないことが多いと思います。

北山　そうなのですよね。さらに、そうしたことを学校で適切に教えるには、カリキュラムをつくるまでのハードルがまだまだ高い状況です。それは、学習指導要領の中に、性教育についての見解が十分に組み込まれていないからです。もし記載があれば、そこを起点にみんなで議論ができるのですが、それ以前の問題となっています。だからいまは、子どもたちとのいろんな学級活動や、授業の隙間時間のようなところで、絵本や教育コンテンツを活用しながら、進めていくしかないのかな、と。

たとえば、私も企画に参加しているNHK Eテレの『アイラブみー』というアニメ番組があります。それを使って授業をしてみたことがありますが、「パンツはなんではくんだろう」という疑問に対して、サラッと「女の人には3つの穴があってね」と答えている回もあります。大人からすると、少し驚きますよね。でも、低学年くらいの子どもは、それも「へえ、3つあるんだね」という理解で終わります。

『アイラブみー』はいま放送4年目ですが、初めは「もしかしたら3回きりで終わるかもしれない」と話していた企画です。それが終わったところで「好評なので再放送を」となり、そこから「もうひとつお話をつくりたい」「次はこのテーマでも」といったかたちで続いていき、いまでは30話以上が完成しました。いろんなところで少しずつそういう動きが広がってきているのは、良い流れかなと思います。アニメのような身近な教材を使えば、「どのように授業をつくろうか」「準備の時間がもっと必要かも」

などと考える前に、すぐにできることもあるのではないかと思うのです。

シオリーヌ　『アイラブみー』は私も子どもと一緒に見ていて、良い番組だと思っていました。いま、性教育に使えるコンテンツはたくさんありますよね。良質なコンテンツは、どんどん教育にも生かしていければよいと思います。

北山　そうですね。私の経験で言えば、特に「体の名前を知る」という授業の場合、子どもたちは興味津々で楽しく授業が進みます。「ここは肘《ひじ》で、こっちは膝《ひざ》。似ているけれど違うね」と、それだけで1時間の授業ができるぐらいです。だんだん、「見えないけれどおなかの中には胃と腸がある」、と深めていき、女の子と男の子の体で違うところは性器だということを知ります。「女の子の性器」「男の子の性器」と外性器の名前をきちんと言えることが大切です。中には、ペニス、ヴァギナという言葉を知っている子どももいます。名前があるというのは、その存在をきちんと認識することで、体の部位の名前、その働きを知ることは性教育の第一歩です。「体にはいろんな部位と名前があって、それぞれすごく大事だよね」っていうメッセージを伝えることができます。

シオリーヌ　性器の名前も、大事ですよね。先生のお話を聞いて、改めて大人が身構えすぎなくてもよいなと思いました。子どもたちから何げなく出てきた疑問があったとして、それは種類としては性に関わる疑問かもしれないけれども、ただその子が知りたいことのひとつ、というだけですから。

北山　そうですね。特に性器の名前をきちっと知ることは大事だと思います。たとえば親指の名前を「お父さん指」でなく「親指」と呼ぶように、大人になっても使える言い方で「性器」という名前を覚えてほしい。ペニスやヴァギナといった学術的な名称でなくてもよいですが、「おちんちん」「おまた」は間違いではないけれど大人になっても使える言い方を覚えよう——ということは、低学年でも伝えておきたいことです。ちなみに私は幼稚園の子どもにも「男の子の性器」「女の子の性器」と教えています。

シオリーヌ　なるほど。私も保護者からよく「どんな呼び方で教えるのがいいですか？」と聞かれて悩んでいましたが、「性器」はいいですね。大人になっても病院でも使える言葉です。

たとえば「おちんちん」というのはポップに言える言葉になっていますが、女の子の「ヴァギナ」というのは、大人も日常ではほとんど使わない言葉です。でも「おまた」というのは全体を指すとても幅広い言葉ですから、「性器」は適切ですね。

北山　はい。子どもは漢字など思い浮かびませんから、新しく覚える語彙として覚えます。すると子ども同士でけんかをしたときに「俺の〝せいき〟蹴ったんだよ」と正しい場所を教えてくれるのです。

その文脈でいうと、「男の子はおちんちんがあるけど、女の子にはない」という認識が子どもにあることが多いですよね。心理上、どうしても「ないほうが劣っている」という印象を持つので、「ないわけでなく、見えないだけだよ」と教えることも大切です。性教育の絵本の中には、「男の子にはペニス、女の子はクリトリスがある」とはっきり書いてあるものもあります。性器の発生のメカニズムからも、もともと同じだったものが胎児の成長の過程で形が変わってくるということです。「女の子にはおちんちんがない」というのではなく、「あるけれど体の奥のほうにあるので見えにくい」と伝えたいですね。

シオリーヌ　「ちんちんのあるほうが男の子で、ないほうが女の子」みたいな表現を耳にすることもありますよね。日常の一つひとつの会話からでも、できることはありますね。

北山　ええ。学校でも、体に関わるトラブルは少なくありません。スカートをめくられた、トイレのドアを開けられた、といったね。そのときも、性教育のチャンスだと思います。学級活動などで話し合いをするときに「みんなはどう思う?」「考えようか」というところから入って、最終的にはプライベートパーツ、プライベートゾーンの話に進めることができます。

シオリーヌ　トイレの使い方もそうですが、性教育というのは、日常生活の話なんですよね。日々、子どもの知りたいことに真摯に向き合っていたら、自然に性について触れる機会が生まれるのでは、とも思います。

学校という場では、やはり「性教育の授業をするのは難しい」と考える方がまだ多いとは思います。それこそ自分はやりたいと思っていてもほかの先生の同意が得られなかったり、性教育のための授業時間を確保するのが難しかったり。でも、クラスの先生の裁量でできる活動や、学級活動などの時間の中でも伝えられることはたくさんありますよね。北山先生がおっしゃったような、体の部位の名前を覚えたり、それを言葉で表現できたりする技術は、大人になっても役に立つスキルです。

北山 性の話は、子どもたちのこれからの生き方に関わることですから、自信を持って取り組んでいただいていいと思います。学校というのは、新しいことを実践するのが比較的難しい場合もあり、異なる立場の先生とも連携しなければいけないこともあります。でも、その中でも子どもの「面白いよね」という反応はポジティブな共通項になるでしょうし、一番の希望ですね。

シオリーヌ 先生方にはぜひ、ハードルの低いできることからチャレンジしていただだいて、子どもたちと対話してみてほしいですね。

○これからの社会に願うこと

シオリーヌ　私は教育者ではないのですごく単純に、学習指導要領に包括的性教育の内容が含まれたらいいな、と思ってしまいます。そうすれば、全国のどの学校の子どもも等しく「性教育」に触れられるのに、と。でもこの壁がきっととても高いんですよね。

北山　これは政治の問題もあり、その変革の難しさにも関わってきますよね。おそらく文科省に限らず、日本の政治・行政の中心は、多くは男性が担ってきました。日本のジェンダーギャップ指数は相変わらず低いままです。性教育は政治の課題にも結びつきやすく、『国際セクシュアリティ教育ガイダンス』で示されている包括的性教育を学習指導要領に組み込むことに抵抗を示す方々も多いのでしょう。

できることとしては、草の根ですが、私たちがどんどん声を上げていくこと。「性」や「性教育」という〝言葉のイメージ〟も、どこか心の奥底で「表に出してはいけない」と思われていますが、決してそうではありません。このあたりも、今後少しずつ変わってくるような気がしています。

シオリーヌ　教育のシステム自体に変わってほしかったら、私たち自身が政治に興味を持つことは大事ですね。自分たちの声を届けていく、地道な努力もしていきたいです。一人ひとりの力は小さいかもしれないですが、まとまれば大きなうねりが生まれるのではと思います。

北山　そうですね。「性」や「性教育」の問題というのは、生まれてから死ぬまで関わり続ける話です。一人ひとりの生き方や日々の生活に、密接に関わっていること。現場にいたときに感じたのは、性教育という新しい授業をする場合、途中で自分自身の生き方が問われることになる苦しさです。ここが算数とか国語で新しいカリキュラムを取り入れるのとは違うところだな、と思うんです。

国語や算数などほかの教科のことであれば柔軟に考えられる先生たちが、なぜこの性教育についてははなから異論を持つのか？　それは、自分自身が「これまでのあなたの価値観は、いまの時代にはそぐわないのでは？」と問われる内容でもあるからかもしれません。こう話す私自身ですら、学校では性教育を推進する立場なのに、ときとして「これでいいのか？」と自分の生活、周りの人たちとの関係のつくり方について自分自答することもあるのですから。

シオリーヌ　自分が言っていることと実際にしている行動が「矛盾しているかも」ということですよね。わかるような気がします。

北山　性教育は自分自身、個人との結びつきが強い領域であるために、ある世代や、ある地域が取り残されてしまうことがあるのですよね。そこが難しいところです。

シオリーヌ　向き合わせてしまう厳しさ、ですね。私が性教育の授業をするときは、一人ひとりの人権、特に「ＮＯ」を言う権利があるということを大切に伝えています。

でももしも生徒さんから「こんな授業は嫌だ、必要ない」という意見が寄せられたら、自分はきちんとその「NO」を受け取れるだろうか――そんなふうに考えることがあります。

北山　やはり性の学習というのは、直接的に人権と結びついているものです。一方、日本の学校がこれまでも子どもの人権を大事にしてきたかというと、そうでないことも多いと思います。制服ひとつをとってもそう。男女でズボン、スカートと決め付けずに選べることが理想ではあるし、「着ない」という選択肢もあってよいはずなのに、一部の先生からは「学校のひとつのシンボルだから」「例外を許すのはどうか」といった意見も生まれ、簡単には変わりません。未来の学校には、そうした頑なな部分についても、子どもの声を聞きながら柔軟に対応していくことが求められると思います。性教育は、そこに行き着くためのひとつの突破口にもなるのではないかな、と。

シオリーヌ　本当にそうですよね。これは「性教育の授業をひとコマつくるにはどうしたらよいか」というだけの話ではなくて、学校全体が子どもたちとどう向き合うのか、という大改革にもなる話です。それこそ和光学園では、もともと保護者や生徒を中心にという考えがあったからこそ、「周囲の意見を聞く」という文化が浸透しやすいのではないかと思います。逆に、「子どもは大人の言うことを聞いていればいい」という文化の強い学校では、性教育を浸透させていくのにかなりの時間がかかるかもしれないですよね。

北山　そもそも先生と生徒という関係性には、圧倒的な力関係があるものです。だからどんな学校であれ、子どもたちが「あれ、この授業は望ましくないぞ」と思っても、意見を言えずに諦めることは少なくないはずです。先生も「反応が薄いけど、こんなものかな」と捉えてそのまま進んでいって、結果的に大きなズレが出てしまうこともあります。だから、子どもたちが思っていることはどんどん出していいのです。「意見を出してはいけない」という教育があるとしたら、私は絶対に違うと思います。

シオリーヌ　しかもそうした文化は、社会に出てからも影響が続いていくものですよね。働く会社の上司に対してや、交際相手に対して、何か思うことがあっても言わない・言えないという状況になってしまうかもしれない。だからこそ幼いときから、先生や保護者などの大人が、自分の意見を受け取ってくれた、という経験をするのは、その後の人生につながる大事なことだと思います。

ちなみに和光小学校では、子どもたちから「これは嫌だ」「違うと思う」などと言われたときは、どのように対応するのでしょうか？

北山　学校なので、子どもにそう言われても「いま絶対にやらなければいけない」ということもあるのは、和光小学校とて同様です。でも子どもたちはそういう行いに対して敏感で、終わってからも何度も訴えてきます。担任の先生が聞いてくれないと思ったら、ほかの先生に言う、というアクションもありましたね。私が校長をしていたときは、校長室に10人くらいで直談判にきた5年生もいましたよ。いきなり自分たちに『これをやれ』と指示してきたけど、私たちの意見を聞いてくれず、対応もしてくれない。担任を指導してください」という内容でした。私は子どもたちの意見を聞き入れて、担任の先生と対話しました。結果、その先生はすごく変わりましたね。

シオリーヌ　子どものほうから校長先生に直談判とはすごいですね。そうやって伝えに行こうと思える生徒さんが育っていることも、受け入れて変わろうと努力されている先生がおられることも素晴らしいです。校長先生が自分たちの声を受け取ってくれて、先生に伝えてくれて、状況が変わったことを目の当たりにしたら、子どもたちも「また何かあったら言ってもいいんだ」と思えますね。

でもやっぱり、子どもたちの意見に向き合い続けるって、大変なことですよね。「大人の言うことを聞いてください」と言うほうがたぶんとても簡単です。それでも、子どもたちの思いをつぶさないために、向き合い続ける。

北山　そうですね。子どもと向き合い続けるのは、決して楽ではないです。普段の業務に加えて話し合いの時間をつくり、自分も家に持ち帰って悩む、といったことの繰り返しです。

シオリーヌ　でもその経験を積めた子どもたちは、きっと「自分の意見には価値がある」と思えますよね。言葉にすると簡単ですが、その感覚を持った状態で大人になれるかが、その後の人生を左右するような気もします。

学校という場所にはどうしても「みんなと違う」ことが許されない空気があると思います。生徒が「嫌だ」と先生に言うなんて、ご法度のようにもなっている。でも、学校や先生にとって無理なことは無理でも、意見を発した子どもたちの気持ちをむげにせずに、気持ちを受け取り、本人が納得できるまで話をするのが、真に対等な関係性ですよね。

北山　おっしゃる通りです。また、初めの話にも通じますが、何よりこうして性教育について発信してくださることが、しんどい思いをしている教員の力にもなると思います。先生たちの中でも、「性教育」といったらシオリーヌさん、という認識がありますよ。いつも難しいことをわかりやすく皆さんに伝えてくださって、ありがとうございます。

シオリーヌ　私も、北山先生のような先生がいてくれる学校がどんどん増えたらいいなと思いました。性教協の皆さんは私にとって大先輩なので、これからもたくさん勉強させてください！　こちらこそ、ありがとうございました。

＊＊＊

北山先生のお話は、いかがだったでしょうか。先駆者として走ってこられた先生でも、当初は性教育についてわからないことが多く、悩みながら前進してこられたという背景は、いま本書を読んでくださっている皆さんとリンクする部分もあったのではないでしょうか。

和光学園には、生徒や保護者を含め、すべての人を尊重するという風土が根付いていました。そして賛成・反対のどちらの意見も受容しながら、その中でも子どもたちの反応を最優先にして、性教育の実現に取り組んでこられました。

「大人は子どもを正しい道に導く存在である」「子どもに威厳を見せなくてはならない」――そうしたメッセージはこの社会にあふれていますが、大人と子どもといえど、対等な人と人。お互いの権利を尊重し合いながら対話する姿勢を身に付けることが、性教育には一番重要なのかもしれません。

言葉で言うのは簡単ですが、先生、生徒、保護者、さまざまな価値観を持つ人とコミュニケーションを取ることには大変な労力が必要です。そこでも、和光学園の「子どもたち主体で」という考え方はヒントになるでしょう。

まずは、いまご自身のいる環境の中で、できることから。いつもより少しだけ子どもたちが交わす言葉に耳を傾けて、「あなたの意見には価値がある」と伝え続けていくこと。それができたなら、大切な性教育の第一歩を踏み出せたと言えるのではないでしょうか。

おわりに

本書を最後まで読んでくださり、ありがとうございます。

この本では、性教育についての「こうあるべき」という方法論ではなく、子どもたちと向き合うための考え方や姿勢を中心にお伝えしてきました。性教育とは人権教育であること、子どもたちをひとりの人として対等に接すること、そして何より、子どもたちの意思を尊重し、納得のいく選択ができるよう必要な知識を提供することの大切さについて触れました。

これらは、私が実際に出会った素晴らしい先生たちから教わったことでもあります。最後に、ここでは思春期の私を育んでくれた、4人の先生たちの話をさせてください。

高校時代の私は、必ずしも「模範的な生徒」ではありませんでした。学校はサボりがちで、すぐに早退して繁華街をフラフラする毎日。通知表を見ると「遅刻0、欠席0、早退70」といった状態でした。

そんなある日、高校2年生のクラスで担任だった山口先生に声をかけられました。「ついに怒られる」と思いきや、先生は「大貫さん、最近楽しい?」と、ひと言。当時お笑いオタクだった私は、学校を早退してライブに行くのが日課。家庭の問題などに悩む日々の中で、そのライブでの時間はかけがえのないものでした。なので「楽しいですよ」と答えると、先生は「だったらいいんだけどね」とだけ言い、特に注意を受けることはありませんでした。いま思い返せば、あのとき山口先生は、私が悩んでいたりつらい思いをしたりしているわけではないことを確認してくれたのだろうと思います。

その後、「留年するのは困る」と話す私に、山口先生は欠席が多くて単位を落としそうな授業を知らせてくれるようになりました。それも叱るわけではなく「大貫さん、そろそろ数学Bは出ないとまずいよ」などと声をかけてくれるだけ。

親に報告したほうがいいのか？　叱って登校を促したほうがいいのか？　先生の中にもさまざまな葛藤があったのではないかと思いますが、あくまでも私との対話の中で、私の思いを尊重して関わり続けてくれたことをよく覚えています。

高校3年生になったとき、両親の離婚が決まりました。「あなたの受験が終わったら家を出る」と母親からは告げられ、父親からは希望する進路に猛反対され……将来に希望がもてなくなっていました。

そんな中、ひょんなことから知ったのが助産師という職業。新たな夢ができて、ようやく進みたい道が見えたものの、それまで文系学部に進学するつもりだった私は、理系の勉強をゼロから始める必要がありました。進路変更の希望を担任の吉田先生に伝えにいったとき、「『ありえない』って言われるだろうな……」と思いながらも勇気を出して話をすると、先生は「絶対向いていると思う！」と満面の笑顔で言ったのです。

大変な道を進むことになると先生もわかっていたはずなのに、「夢が見つかったなら頑張るしかないよね」と背中を押してくれました。そこから私は猛勉強し、志望する大学に合格。子どもの決めたことを全力で支えるという姿勢を見せてくれた先生の温かさを、忘れることはありません。

大学で出会った看護学科の山口先生（偶然にも高校の先生と同姓でした）も、私を支えてくれた大人のひとりです。親の離婚や父の再婚など、家庭環境の変化によってひとり暮らしを始めた頃、離婚後にうつ病になった母から「死にたい」という連絡が毎日届くようになりました。大学の勉強や実習、生活費を稼ぐためのアルバイトをこなしながら、空いた時間で母の訪問診療の先生を探したり、役所に相談に行ったり。慣れない学生生活と母のケアによって、私はだんだんと追い詰められていました。

誰かに聞いてほしい、誰かに助けてほしい。そんな心境になったとき、実習指導を担当してくれた山口先生の研究室を訪ね、初めて家族の問題を相談しました。すると先生は、「あなたがなんでそんな大変な思いをしなきゃいけないの？」と代わりに怒ってくれたのです。「親には子どもの面倒を見る責任があるけど、子どもが親の面倒を見なきゃならないという責任はないんだよ」と当事者の私よりも一生懸命になって話してくれる姿に、とてもホッとして涙があふれてきました。

その後も山口先生は精神疾患に詳しい先生を紹介してくれたり、使える制度を教えてくれたりとさまざまなサポートをしてくれて、大人の頼もしさを感じさせてくれました。

助産師コースに進んで出会った村上先生は、私の職業人としての価値観の根幹を形づくった先生です。最も印象的だったのは、「『大貫さんのおかげで産めました』と言われたら、失敗したと思いなさい」という言葉。「産婦さんが『自分の力で産めた』と思える出産を支えるのが助産師の仕事。あなたがやりたいお産をする仕事じゃないんだよ」と話してくれたことは、いまでも私の行動指針になっています。

相手が望むことを全力で支える、その人が実現したいことに寄り添う。この姿勢こそ、私が助産師として大切にしている原点です。

4人の先生たちだけでなく、塾の先生やアルバイト先のパートさんたちなど、本当にたくさんの大人たちが思春期の私を見守り、それぞれの立場から育ててくれました。そういった温かい大人たちとの出会いがあったおかげで、自分の人生を諦めずに済んだと感じています。いま私が自分のことを大切にできるのは、こうした大人たちが私のことを大切にしてくれたからだと思います。

学校の先生は、子どもたちにとって特別な存在です。特に家庭環境に課題があったり、支えてくれる大人が周りにいなかったりする子どもたちにとっては、先生が唯一の頼れる大人かもしれません。そんなとき、先生は子どもの声に耳を傾け、その言葉や思いの価値を認められる貴重な大人になり得るのです。

私は思春期に出会った先生たちのおかげで、大人を頼っていい（頼ったら助けてくれる）という考えを身につけることができました。「困ったら大人に相談してね」と子どもたちはさまざまな場面で言われますが、いざ実際に相談した先で十分なサポートを得られなければ、次に困ったときにＳＯＳを出そうとは思えないかもしれません。子どもからのＳＯＳを受け取った大人の対応は、その子の将来を大きく左右する可能性があると感じます。

先生と生徒という関係性には、親子とは違う特別な距離感があります。その距離だからこそできることがあり、その関係性だからこそ支えられる子どもたちがいます。性教育を通して子どもたちに伝えられることは、単に体の仕組みや性の知識だけではありません。

「あなたはあなたのままでいい」
「あなたの体も心もあなたのもの」
「あなたには選択する権利がある」

というメッセージを伝えることができるのです。

性教育を行おうとする中で、時には壁にぶつかることもあるでしょう。「この内容で大丈夫だろうか？」「生徒に笑われないだろうか？」と不安を抱くこともあるかもしれません。それでも、子どもたちを見守る大人として、何をどう伝えていくのかを考え続けてほしいと思います。

私は助産師、そして性教育に関するＹｏｕＴｕｂｅｒとして、これからも子どもたちの意思決定を支える活動を続けていきたいと思っています。この本が、皆さんの教育活動の一助になれば幸いです。

最後になりましたが、本書の執筆にあたり、貴重なご意見をいただいた北山ひと美先生をはじめ、多くの教育関係者の皆さま、そして私を育ててくれた恩師の皆さまに心から感謝申し上げます。また、日々子どもたちと真摯に向き合い、未来を創る教育に携わる皆さまに深い敬意を表します。

2025年4月吉日　シオリーヌ（大貫 詩織）

シオリーヌ（大貫詩織）

助産師／性教育YouTuber／NPO法人コハグ代表理事。総合病院産婦人科で助産師としての経験を積んだのち、精神科児童思春期病棟で若者の心理的ケアを学ぶ。2017年より性教育に関する発信活動をスタートし、2019年2月より自身のYouTubeチャンネルで動画を投稿。著書に『CHOICE 自分で選びとるための「性」の知識』（イースト・プレス）、『こどもジェンダー』（ワニブックス）、『やらねばならぬと思いつつ〈超初級〉性教育サポートBOOK』（Hagazussa Books）などがある。

助産師YouTuber・シオリーヌの
学校性教育サポートBOOK
子どもたちと、どうやって向き合えばいいの？

2025（令和７）年４月25日　初版第１刷発行

著　　　者　シオリーヌ（大貫 詩織）
発　行　者　錦織 圭之介
発　行　所　株式会社東洋館出版社
〒101-0054 東京都千代田区神田錦町２丁目９番１号
コンフォール安田ビル２階
代　表　電話：03-6778-4343　FAX：03-5281-8091
営業部　電話：03-6778-7278　FAX：03-5281-8092
振　替　00180-7-96823
ＵＲＬ　https://www.toyokan.co.jp

装丁＆デザイン　中川 理子
挿　　　画　アイハラチグサ（vision track）
構　　　成　千吉良 美樹＋韓 奈侑（株式会社ハガツサ）
校　　　閲　白神 憲一
編　　　集　得 直人（株式会社東洋館出版社）
印刷・製本　藤原印刷株式会社

ISBN：978-4-491-05701-9　Printed in Japan